Hubert Albus

Gedichte

Von Walther von der Vogelweide bis Walter Helmut Fritz

Kopiervorlagen für die Sekundarstufe I und II

Gedruckt auf umweltbewusst gefertigtem, chlorfrei gebleichtem
und alterungsbeständigem Papier.

1. Auflage 2009
Nach den seit 2006 amtlich gültigen Regelungen der Rechtschreibung
© by Brigg Pädagogik Verlag GmbH, Augsburg
Alle Rechte vorbehalten.
Das Werk und seine Teile sind urheberrechtlich geschützt. Jede Nutzung in anderen als den gesetzlich zugelassenen Fällen bedarf der vorherigen schriftlichen Einwilligung des Verlages.
Hinweis zu § 52 a UrhG: Weder das Werk noch seine Teile dürfen ohne eine solche Einwilligung eingescannt und in ein Netzwerk eingestellt werden. Dies gilt auch für Intranets von Schulen und sonstigen Bildungseinrichtungen.

ISBN 978-3-87101-411-6   www.brigg-paedagogik.de

Inhaltsverzeichnis

Vorwort 4

1. Walther von der Vogelweide: Under der linden 5
2. Martin Opitz: Ich will dies halbe Mich 11
3. Andreas Gryphius: Menschliches Elende 17
4. Johann Wolfgang von Goethe: Wanderers Nachtlied / Ein Gleiches 25
5. Theodor Storm: Die Stadt 33
6. Joseph Freiherr von Eichendorff: Mondnacht 39
7. Rainer Maria Rilke: Der Panther 47
8. Georg Trakl: Die Verstummten 53
9. Christine Busta: Chronik 59
10. Bertolt Brecht: Fragen eines lesenden Arbeiters 65
11. Kurt Tucholsky: Mutterns Hände 73
12. Marie Luise Kaschnitz: Hiroshima 79
13. Günter Eich: Wetterhahn 87
14. Hilde Domin: Unaufhaltsam 93
15. Günter Grass: Kinderlied 99
16. Rainer Malkowski: Die Bücher 105
17. Walter Helmut Fritz: Kain 109
18. Günter Bruno Fuchs: Der Irre ist gestorben 115

Quellen- und Bildnachweis 121

Vorwort

Literaturunterricht, und damit verbunden der Erwerb von Lesekompetenz, gewinnt in unserer Zeit immer mehr an Bedeutung. Die vorliegende Reihe will dazu beitragen, dass literarische Texte leichter erfasst und das Leseverständnis weiter verbessert wird.

Die Reihe „Kompetenz in Literatur" umfasst bisher folgende Einzelbände:
1. Kurzgeschichten – Schicksalhafte Lebenssituationen verstehen
2. Balladen – Schicksalhaftes durch drei Jahrhunderte
3. Gedichte – Von Walther von der Vogelweide bis Walter Helmut Fritz

Jeder Band ist nach dem gleichen Prinzip aufgebaut. Auf ein gut strukturiertes Stundenbild folgt ein optisch wie inhaltlich ansprechendes Arbeitsblatt, das die Quintessenz der betreffenden Unterrichtseinheit darstellt. Dazu werden noch zahlreiche Materialien wie Autorenporträts, Quellenberichte und Bezüge zur Gegenwart mit Bildern und Grafiken angeboten. Das Lösungsblatt folgt unmittelbar nach dem Arbeitsblatt.

Besonderen Wert legt der Autor auf einen motivierenden Einstieg. Häufig können Sie Bilder einsetzen, die als stummer Impuls an die Tafel (Vergrößerung mindestens auf DIN A3) gehängt bzw., falls Sie diese auf Folie kopieren, an die Wand geworfen werden können und als Sprechanlass dienen.

Für den Unterrichtenden bedeutet der Einsatz dieser Reihe zum einen eine erhebliche Arbeitserleichterung, zum anderen die günstige Chance, Schülern Literatur auf anspruchsvollere Art „schmackhaft" zu machen und nahezubringen.

Viel Freude und Erfolg mit diesem Band
wünschen Ihnen

Autor und Verlag

Walther von der Vogelweide: Under der linden

Lerninhalte:
- Kennenlernen eines Liebesgedichts
- Untersuchen des Mittelhochdeutschen mit Übersetzungsversuchen ins Neuhochdeutsche
- Herausfinden des formalen Aufbaus des Gedichts
- Herausfinden der Aussageintention des Verfassers
- Wissen um das höfische Leben mit dem Idealbild der Hohen Minne
- Wissen um die Idee der ebenen Minne

Arbeitsmittel / Medien:
- Bild für die Tafel: Walther von der Vogelweide
- Arbeitsblatt
- Folie 1: Gedicht „Under der linden"
- Folie 2: Lösungsblatt
- Folie 3: Kurzbiografie Walther von der Vogelweide
- Infoblatt: Lyrik

Walther von der Vogelweide

Folie 3

Er ist neben Wolfram von Eschenbach der bedeutendste Sänger mittelhochdeutscher Lyrik. Man vermutet, dass Walther von der Vogelweide um 1170 möglicherweise in Südtirol geboren wurde. Er führte ein unstetes Wanderleben und verkehrte an den wichtigsten Fürstenhöfen, bis er vom Stauferkaiser Friedrich II. um 1220 ein Lehen empfing. Auch sein Sterbedatum ist nicht genau bekannt. Neuere Quellen datieren es auf 1230. Der Sterbeort könnte Würzburg gewesen sein.

Walther von der Vogelweide lernte wahrscheinlich am Babenberger Hof in Wien Dichten und höfisches Singen. Schon bald gehörte er zu den allerersten Vorbildern, später zu den zwölf alten Meistern der Meistersinger. Sein Ruhm basiert vor allem auf seinen politischen Liedern. Von Walther von der Vogelweide sind insgesamt 500 Strophen überliefert, inhaltlich gegliedert nach 90 Liedern und 150 Sprüchen.

Viele seiner Liebeslieder orientieren sich an der Idee der sogenannten Hohen Minne. In seiner politischen Dichtung verfocht er eine deutsche Reichsidee und bekämpfte die Kirche als weltliche Macht.

Die Wiederentdeckung von Walther von der Vogelweide als Urheber einer Dichtung offener Weltlichkeit und Sinnesfreuden geschah im 18. und 19. Jahrhundert.

Verlaufsskizze

I. Hinführung

Stummer Impuls	Tafel (S. 7)	Bild: Walther von der Vogelweide
Aussprache		
Ergebnis		Mittelalter: Musiker/Dichter
Überleitung		L: Kennenlernen dieses Dichters, der wohl der bekannteste Minnesänger des Mittelalters war.
Zielangabe	Tafel	*Under der linden* (Walther von der Vogelweide)
Vermutungen aufgrund des Titels		

II. Begegnung mit dem Gedicht

	Folie 1 (S. 9 oben)	Gedicht: Under der linden
Lehrervortrag		
Schüler lesen mit		
	Arbeitsblatt (S. 9)	
Schüler lesen Gedicht		

III. Arbeit am Gedicht

Lehrerfrage		L: Sprache?
Aussprache	Tafel	Mittelhochdeutsch
Gruppenarbeit		L: Schreibe die Übersetzung auf die Rückseite des Arbeitsblattes.
Ergebnis	Rückseite Arbeitsblatt	Unter der Linde, auf der Heide, wo unser beider Lager war, dort könnt ihr finden beides, liebevoll gebrochene Blumen und Gras. Vor dem Wald in einem Tal, tandaradei, sang schön die Nachtigall.
		Ich kam gegangen zu der Aue, wohin mein Liebster schon gekommen war. Dort wurde ich empfangen – gnädige Jungfrau (stolze Geliebte; verehrte Frau) –, dass ich für immer glücklich sein werde. Ob er mich küsste? Wohl tausendmal: tandaradei, seht, wie rot ist mir der Mund.
		Dort hat er gemacht so prächtig aus Blumen ein Bett. Da lacht noch mancher herzlich, kommt er jenen Pfad daher. An den Rosen kann er wohl, tandaradei, sehen, wo das Haupt mir lag.
		Dass er bei mir lag – wüsste es jemand, (das verhüte Gott!) so schäme ich mich. Was er mit mir tat, niemals, niemand erfahre das, nur er und ich und ein kleines Vögelein, tandaradei, das mag wohl verschwiegen sein.
Leitfragen (siehe Arbeitsblatt)		

IV. Sicherung

Zusammenfassung	Arbeitsblatt (S. 9)	
Kontrolle Lösungsblatt	Folie 2 (S. 10)	
Abschließendes Lesen		Beachte: Treffen zwei Vokale aufeinander, wird der erste Vokal weggelassen und das erste Wort zum zweiten „hingebunden". Bsp.: heide unde ⇨ heid(e) unde; „Hinbindungen" vorher kennzeichnen!

V. Ausweitung

	Folie 3 (S. 5 unten)	Kurzbiografie Walther von der Vogelweide
Erlesen mit Aussprache		
	Infoblatt (S. 8)	Informationen zur Gattung Lyrik
Erlesen mit Aussprache		

Walther von der Vogelweide (Manessische Liederhandschrift)

Lyrik

Definition:
Der Begriff „Lyrik" kommt aus dem Griechischen und bedeutet ursprünglich „von der Lyra (Leier) begleitete Gesänge". Es handelt sich um eine Dichtungsgattung, die vorwiegend Gefühle, Leidenschaften, Stimmungen, Empfindungen, Erinnerungen und Erwartungen in gebundener Form wiedergibt. Außerdem stellt das Lyrische eine poetisch-stilistische Grundhaltung dar, die auch in der Epik und Dramatik auftreten kann.

Gestaltungsmittel der Lyrik:

❶ **Metrum (Versmaß):**
Regelmäßige Folge von langen und kurzen oder von betonten und unbetonten Silben.

❷ **Rhythmus:**
Lebendige, sinngemäß wechselnde Bewegung der Sprache, die durch Betonung und Pausen entsteht ⇨ fallender oder steigender Rhythmus.

❸ **Vers:**
Zeile eines Gedichts. Eine metrisch gegliederte und durch den Rhythmus zu einer Einheit innerhalb eines Gedichts zusammengefasste Wortreihe.

❹ **Reim:**
Gleichklang der Vokale, nicht der Konsonanten im Reimwort.
① Binnenreim: Gleichklang innerhalb eines Verses. Beispiel: Wer die Wahl hat, hat die Qual.
② Endreim: Gleichklang der Endsilben.
   Möglichkeiten:
   a) Weiblicher oder klingender Reim, ein zwei- oder mehrsilbiger Reim, der die Betonung nicht auf der letzten Silbe trägt. Beispiel: singen – klingen.
   b) Männlicher oder stumpfer Reim, ein einsilbiger Reim, der die Betonung auf der letzten Silbe trägt. Beispiel: Rat – Tat.
③ Möglichkeiten in der Reimbindung:
   a) Paarreim (aabb)
   b) Kreuzreim (abab)
   c) Umgreifender Reim (abba)
   d) Stabreim: Er verbindet sinnbetonte Wörter, die entweder mit demselben Konsonanten oder einem beliebigen Vokal anlauten.
   e) Unreiner Reim: Die Vokale oder die Schlusskonsonanten stimmen nicht völlig überein. Beispiel: Gemüt – Lied; sprang – ertrank.

❺ **Dichterisches Bild:**
Umfassende Bezeichnung für Vergleich, Metapher, Symbol, Chiffre und Emblem. Dadurch werden Anschaulichkeit, Verdichtung und seelische Tiefe erreicht.

Grundformen der Lyrik:
① Erlebnislyrik, die seelische Stimmungen unmittelbar ausdrückt.
② Gedankenlyrik, in der die Ideen des Dichters zum Gefühlsinhalt werden.

Formtypen der Lyrik:
Lied, Ode (Gedichtform mit weihevoller und erhabener Aussage), *Elegie* (Gedichtform zum Ausdruck von Trauer und Liebe), *Hymne* (Preisgesang religiösen Inhalts), *Dithyrambe* (kultischer Gesang zu Ehren des Gottes Dionysos), *Sinngedicht, Sonett* (vierstrophiges Gedicht mit zwei vierzeiligen und zwei dreizeiligen Strophen), *Spruch* oder *Epigramm* (spruchartige, pointierte Formulierung eines Gedankens). Die *Ballade* ist eine Mischform, die neben lyrischen auch epische und dramatische Elemente enthält, aber trotzdem meist zur Lyrik gerechnet wird.

Under der linden
(Walther von der Vogelweide)

I Under der linden
   an der heide,
   dâ unser zweier bette was,
   dâ muget ir vinden
   schône beide
   gebrochen bluomen unde gras.
   Vor dem walde in einem tal,
   tandaradei,
   schône sanc diu nahtegal.

II Ich kam gegangen
   zuo der ouwe:
   dô was mîn friedel komen ê.
   Dâ wart ich enpfangen,
   hêre frouwe,
   daz ich bin sælic iemer mê.
   Kuste er mich? wol tûsentstunt:
   tandaradei,
   seht wie rôt mir ist der munt.

III Dô hat er gemachet
    alsô rîche
    von bluomen eine bettestat.
    Des wirt noch gelachet
    inneclîche,
    kumt iemen an daz selbe pfat.
    Bî den rôsen er wol mac,
    tandaradei,
    merken wâ mirz houbet lac.

IV Daz er bî mir læge,
   wesse ez iemen
   (nu enwelle got!), sô schamt ich mich.
   Wes er mit mir pflæge,
   niemer niemen
   bevinde daz wan er und ich –
   Und ein kleinez vogellîn,
   tandaradei,
   daz mac wol getriuwe sîn.

❶ **Inhalt des Gedichts?**

❷ **Aufbau des Gedichts?**

❸ **Was bedeutet das Wort „tandaradei"?**

❹ **Was versteht man unter dem Ideal der „Hohen Minne"?**

❺ **Welches neue Ideal strebt Walther von der Vogelweide mit seinem Gedicht an?**

Lit Lösung

Under der linden
(Walther von der Vogelweide)

I   Under der linden
    an der heide,
    dâ unser zweier bette was,
    dâ muget ir vinden
    schône beide
    gebrochen bluomen unde gras.
    Vor dem walde in einem tal,
    tandaradei,
    schône sanc diu nahtegal.

II Ich kam gegangen
    zuo der ouwe:
    dô was mîn friedel komen ê.
    Dâ wart ich enpfangen,
    hêre frouwe,
    daz ich bin sælic iemer mê.
    Kuste er mich? wol tûsentstunt:
    tandaradei,
    seht wie rôt mir ist der munt.

III Dô hat er gemachet
    alsô rîche
    von bluomen eine bettestat.
    Des wirt noch gelachet
    inneclîche,
    kumt iemen an daz selbe pfat.
    Bî den rôsen er wol mac,
    tandaradei,
    merken wâ mirz houbet lac.

IV Daz er bî mir læge,
    wesse ez iemen
    (nu enwelle got!), sô schamt ich mich.
    Wes er mit mir pflæge,
    niemer niemen
    bevinde daz wan er und ich –
    Und ein kleinez vogellîn,
    tandaradei,
    daz mac wol getriuwe sîn.

❶ **Inhalt des Gedichts?**
Eine Frau schläft mit einem Mann auf einer Wiese unter einer Linde. Sie spricht ihr beglückendes Liebeserlebnis einerseits direkt an, andererseits umschreibt sie es frivol. Sie will unerkannt bleiben.

❷ **Aufbau des Gedichts?**
Zweimal drei Verszeilen bilden den Aufgesang, drei Zeilen - in der Mitte der Refrain - den Abgesang. Die beiden ersten Verszeilen enden weiblich, die letzte männlich. Der Abgesang hat nur männliche Zeilenschlüsse. Der Reim umrahmt das alleinstehende Wort „tandaradei". Das Reimschema jeder Strophe ist gleich aufgebaut: abc/abc/ded.

❸ **Was bedeutet das Wort „tandaradei"?**
Melodische Laute ohne Wortsinn ⇨ Nachahmung des Gesangs der Nachtigall

❹ **Was versteht man unter dem Ideal der „Hohen Minne"?**
Es ist die vorwiegend platonische Liebe zu einer adeligen Frau (frowe) gemeint, die das Idealbild der weiblichen Tugend verkörpert. Sexualität wird verdrängt und vergeistigt, Ziel ist eine Veredelung der Sinne.

❺ **Welches neue Ideal strebt Walther von der Vogelweide mit seinem Gedicht an?**
Walther will nicht die niedere Minne, in der Triebbefriedigung mit Frauen niederen Standes (wîp, maget) alleiniges Ziel ist. Er besingt in diesem Gedicht die ebene Minne, mit der eine Aufhebung sozialer Schranken und ein klares Bekenntnis zu einer erfüllten Liebe verbunden ist, die auch Sexualität mit einschließt. In höfischen Kreisen des Mittelalters muss dieses Gedicht für den Adel (Ritterstand) provozierend und revolutionär geklungen haben.

Martin Opitz: Ich will dies halbe Mich

Lerninhalte:
- Kennenlernen eines Gedichts von Martin Opitz
- Kennenlernen der Form eines Sonetts
- Wissen um die sprachlichen Besonderheiten des Sonetts
- Wissen um die Schrecken des Dreißigjährigen Krieges
- Herausfinden der Aussage von Martin Opitz
- Kennenlernen des Dichters

Arbeitsmittel / Medien:
- Arbeitsblatt
- Folie 1/Bild für die Tafel: Sterbender Mensch (Gemälde, 15. Jahrhundert)
- Folie 2: Gedicht: „Ich will dies halbe Mich" (Quelle: www.sonett-archiv.com)
- Folie 3: Die Schrecken des Dreißigjährigen Krieges
- Folie 4: Das Sonett
- Folie 5: Lösungsblatt
- Folie 6: Kurzbiografie Martin Opitz

Martin Opitz
Folie 6

Martin Opitz von Boberfeld wurde am 23. Dezember 1597 in Bunzlau geboren. Seine Eltern waren der Metzger Sebastian Opitz und dessen Ehefrau Martha Rothmann. Er besuchte ab 1605 die Lateinschule in Bunzlau und wechselte 1614 auf das Maria-Magdalenen-Gymnasium in Breslau, 1617 an das akademische Gymnasium in Beuthen an der Oder. Nachdem er 1618 als Hauslehrer in der Familie von Tobias Scultetus in Frankfurt an der Oder tätig war, begann er 1619 ein Studium an der Universität in Heidelberg. Dort machte er bald Bekanntschaft mit einem Kreis junger Wissenschaftler. Der kurpfälzische Geheimrat Lingelsheim stellte Opitz als Hauslehrer für seine Söhne ein. Als ihn der Krieg hier in Heidelberg einholte, ging Opitz 1620 als Hauslehrer in die Niederlande und besuchte dort die Universität Leiden. Ein Jahr später ging er nach Jütland, wo sein erst 13 Jahre später veröffentlichtes Werk „Trostgedichte in Widerwärtigkeit des Kriegs" entstand. 1622 lehrte Opitz auf Einladung des Fürsten von Siebenbürgen am Akademischen Gymnasium Philosophie. Vom Heimweh getrieben kehrte er 1623 nach Schlesien zurück, wo er ein Jahr später in Breslau Rat am Hof des Herzogs Georg Rudolf wurde. 1624 veröffentlichte Opitz sein Hauptwerk, das „Buch von der Deutschen Poeterey", in welchem er Regeln und Grundsätze einer neu zu begründenden hochdeutschen Dichtkunst erstellt, die sich nicht an den tradierten antiken Versmaßen ausrichten, sondern vielmehr eine eigene, der deutschen Sprache gemäße metrische Form finden soll. Anlässlich eines Besuchs in Wien verfasste Opitz 1625 ein Trauergedicht auf den Tod des Erzherzogs Karl und wurde daraufhin von Kaiser Ferdinand II. eigenhändig zum Poeta Laureatus gekrönt und 1627 als Opitz von Boberfeld in den Adelsstand erhoben. 1629 wurde Opitz in die „Fruchtbringende Gesellschaft" aufgenommen. 1633 ließ sich der Dichter in Danzig nieder, wo er 1636 als Sekretär und Hofhistoriograf in den Dienst von König Wladyslaw IV. von Polen trat. Am 20. August 1639 starb Martin Opitz an den Folgen einer Pestseuche, die in Danzig wütete.

Mit seinen Betrachtungen über Sprache, Stil und Verskunst gab Opitz der deutschen Poesie eine formale Grundlage. Von der ernsthaften Dichtung verlangte er als zentrales Thema die Gegenüberstellung von Vergänglichem und Ewigem.

Verlaufsskizze

I. Hinführung

Stummer Impuls	Folie 1 (S. 13)	Bild: sterbender Mensch
Überleitung		L: Kennenlernen eines Gedichts, das das Sterben thematisiert.
Zielangabe	Tafel	*Ich will dies halbe Mich (Martin Opitz)*
Vermutungen aufgrund des Titels		

II. Begegnung mit dem Gedicht

	Folie 2 (S. 15)	Ich will dies halbe Mich
Lehrervortrag		
Aussprache		

III. Arbeit am Gedicht

Stummer Impuls — Tafel (alternativ: Folie) — Originaltext

Sonnet XXXV.
Ich wil diß halbe mich

Ich wil diß halbe mich, was wir den Cörper nennen,
Diß mein geringstes Theil, verzehren durch die Glut.
Wil wie Alcmenen Sohn mit vnverwandtem Muth'
Hier diese meine Last, den schnöden Leib, verbrennen.

Den Himmel auff zu gehn: mein Geist beginnt zu rennen
Auff etwas bessers zu. diß Fleisch, die Handvoll Blut
Muß außgetauschet seyn vor ein viel besser Gut,
Daß sterbliche Vernunfft vnd Fleisch vnd Blut nicht kennen.

Mein Liecht entzünde mich mit deiner Augen Brunst,
Auff daß ich dieser Haut, deß finstern Leibes Dunst,
Deß Kerkers voller Wust vnd Grawens werd entnommen.

Vnd ledig, frey vnd loß der Schwachheit abgethan,
Weit vber alle Lufft vnd Himmel fliegen kan,
Die Schönheit an zu sehn von der die deine kommen.

Schüler erlesen
Leitfragen Lehrer
❶ Was bedeutet die Überschrift?
❷ Wer ist Alkmenes Sohn?
❸ Welche sprachliche Bilder verwendet Opitz?
❹ Was will Opitz mit diesem Gedicht aussagen?

Aussprache		
	Folie 3 (S. 14 oben)	Die Schrecken des Dreißigjährigen Krieges
Erlesen mit Aussprache		
		L: Was ist an der Form des Gedichts auffällig?
Aussprache		
Zusammenfassung	Folie 4 (S. 14 unten)	Das Sonett

IV. Sicherung

Zusammenfassung	Arbeitsblatt (S. 15)
Kontrolle Lösungsblatt	Folie 5 (S. 16)
Abschließendes Lesen	

V. Ausweitung

	Folie 6 (S. 11 unten)	Kurzbiografie Martin Opitz
Erlesen mit Aussprache		

Die Schrecken des Dreißigjährigen Krieges

Schilderung des protestantischen Pfarrers Johann Daniel Minck aus Großbiberau (Hessen):

Anno 1634 ist ein recht gefährliches und für alle Evangelischen ein betrübtes und höchst schändliches Jahr gewesen. Die Kaiserlichen kamen in unser Land und raubten und verwüsteten alles so weit, dass weder Rind noch Pferde, Schweine, Federvieh oder dergleichen Städten und Dörfern übrigblieb. Kein Mensch durfte sich im Land blicken lassen, ihm wurde nachgejagt wie einem Wild. Er wurde ergriffen, unbarmherzig geschlagen, nackt an den heißen Ofen gebunden, aufgehängt, mit Wasser und Jauche getränkt, was die Soldaten den Leuten aus Zubern in den Mund schütteten und mit Füßen auf ihren dicken Bäuchen herumsprangen. Dieser barbarische Trunk wurde der „schwedische Trunk" genannt. Wegen dieser Tyrannei und weil es auf dem Land keine Lebensmittel mehr gab, waren sämtliche Dörfer von allen Bewohnern verlassen.

Anno 1635 schickte uns Gott neben anderen Kriegsschrecken eine Pest, an der viele starben, die schon zu Beginn des Jahres anfing, aber im Frühling, als es wärmer wurde, noch viel schlimmer wütete, sodass die Leute schnell und haufenweise daran starben und man sie nicht ordentlich begraben konnte. Da starben so viele Leute auf dem Land, sodass niemand von ihrem Tod etwas wusste, darum blieben sie oft lange Zeit unbeerdigt liegen, sodass sie verfault und voller Würmer waren. Es lagen oft Kranke mit den Toten in einem Bett.

Zur Erntezeit fiel der Kaiserliche General Gallas plötzlich mit seinen Truppen in das Land ein und ließ die ganze Ernte des Landes für sich einbringen und dreschen. In wenigen Tagen war kein Getreide mehr im ganzen Land zu bekommen. Der Hunger trieb die Leute so sehr, dass sie Aas fraßen, wo immer sie welches finden konnten. Hunde und Katzen sind Leckerbissen gewesen. Frösche und Kröten, die wohl auch von hohen Herren gegessen, aber dann zuvor gereinigt und gewürzt werden, haben sie mit allem Unrat ohne Salz, Schmalz und Gewürz, nur gekocht oder geröstet in großer Menge gegessen. Zugemüse waren Nesseln, Hopfen, allerhand gute und schlechte Kräuter und Pilze, giftige und ungiftige, wovon die Leute oft große Schmerzen und langwierige Schwachheit bekamen. Durch diesen Hunger ging es vielen Leuten so schlecht, dass sie nichts als Haut und Knochen waren. Die Haut hing ihnen am Leib wie ein Sack, sie waren ganz schwarz-gelb, mit weiten Augen, krätzig, aussätzig, dick geschwollen, fiebrig, sodass es einem grauste, sie anzusehen.

Das Sonett

Die Herkunft des Sonetts ist nicht genau bekannt. Vielleicht kommt es aus dem Arabischen, dessen Kultur den Europäern im Mittelalter bekannt war. Die ersten Sonette stammen aus Sizilien zur Zeit des Stauferkaisers Friedrich II. (1194-1250). Bedeutende Dichter wie Dante, Petrarca, Lope de Vega und Shakespeare haben diese streng gebaute Gedichtform berühmt gemacht. Die erste Blütezeit der deutschen Sonettdichtung fällt in das 17. Jahrhundert mit Vertretern wie M. Opitz, P. Fleming, A. Gryphius u.a. In der Aufklärung und im Sturm und Drang wird das Sonett wegen seiner Formstrenge als zu starr abgelehnt. Erst in der Vorromantik kommt es vor allem durch G. A. Bürger zu einer Wiederbelebung der Sonettdichtung, die in der Romantik mit A. W. Schlegel, A. v. Platten, K. Immermann, F. Rückert und auch - zuerst widerstrebend - mit J. W. v. Goethe ihren zweiten Höhepunkt hat.

Die Grundform des Sonetts bildet ein 14-zeiliges Gedicht, das sich aus zwei Vierzeilern (Quartetten) und zwei Dreizeilern (Terzetten) zusammensetzt. Quartette und Terzette sind durchgereimt, wobei er hier verschiedene Reimschemata gibt. Eines der häufigsten ist: abba - abba - cdc - dcd. Das gängigste Versmaß im Barock ist der Alexandriner, ein sechshebiger jambischer Vers mit einer Zäsur (Pause) nach der dritten Hebung.

Beispiel: Vertreib die dicke Nacht, die meine Seel umgibt

            x x x x x x / x x x x x x

Der äußeren Form des Sonetts entspricht die innere Struktur. Die Quartette stellen in These und Antithese die Themen des Gedichts auf, die Terzette führen diese Themen in konzentrierter Form durch und bringen die Gegensätze schließlich zur Synthese.

Ich will dies halbe Mich
(Martin Opitz)

Sonett XXXV

I   Ich will dies halbe Mich, was wir den Körper nennen,
    Dies mein geringstes Teil, verzehren durch die Glut.
    Will wie Alkmenen Sohn mit unverwandtem Mut
    Hier diese meine Last, den schnöden Leib, verbrennen.

II   Den Himmel auf zu gehn: mein Geist beginnt zu rennen,
    Auf etwas Bessers zu. Dies Fleisch, die Handvoll Blut,
    Muss ausgetauschet sein für ein viel besser Gut,
    Dass sterbliche Vernunft und Fleisch und Blut nicht kennen.

III   Mein Licht entzünde mich mit deiner Augen Brunst,
    Auf dass ich dieser Haut, des finstern Leibes Dunst,
    Des Kerkers voller Wust und Grauen, werd entnommen.

IV   Und ledig, frei und los der Schwachheit abgetan,
    Weit über alle Luft und Himmel fliegen kann,
    Die Schönheit anzusehn, von der die deine kommen.

❶ **Was bedeutet die Überschrift?**

❷ **Wo bezieht sich Opitz auf die griechische Mythologie?**

❸ **Das vorliegende Gedicht nennt man ein Sonett. Welche Besonderheiten fallen auf?**

❹ **Was will Opitz mit seinem Sonett aussagen?**

Ich will dies halbe Mich
(Martin Opitz)

Sonett XXXV

I Ich will dies halbe Mich, was wir den Körper nennen,   a
   Dies mein geringstes Teil, verzehren durch die Glut.   b
   Will wie Alkmenen Sohn mit unverwandtem Mut   b
   Hier diese meine Last, den schnöden Leib, verbrennen. a

II Den Himmel auf zu gehn: mein Geist beginnt zu rennen, a
   Auf etwas Bessers zu. Dies Fleisch, die Handvoll Blut, b
   Muss ausgetauschet sein für ein viel besser Gut,   b
   Dass sterbliche Vernunft und Fleisch und Blut nicht kennen. a

III Mein Licht entzünde mich mit deiner Augen Brunst,   c
    Auf dass ich dieser Haut, des finstern Leibes Dunst, c
    Des Kerkers voller Wust und Grauen, werd entnommen.   d

IV Und ledig, frei und los der Schwachheit abgetan,   e
   Weit über alle Luft und Himmel fliegen kann,   e
   Die Schönheit anzusehn, von der die deine kommen.   d

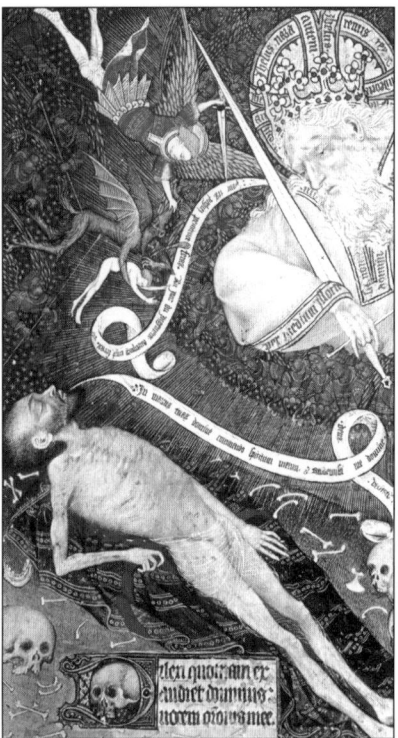

❶ Was bedeutet die Überschrift?
Opitz will seinen Körper, die für ihn wertlose Hülle auf Erden, das „geringste halbe Mich" verlassen und mit dem Geist, seinem besseren Selbst, in das schönere Jenseits aufsteigen.

❷ Wo bezieht sich Opitz auf die griechische Mythologie?
Alkmene ist die Mutter des Herakles, der Vater ist Zeus. Herakles ließ sich verbrennen, um unerträglichen Qualen eine Ende zu bereiten. Diese rührten daher, dass seine eifersüchtige Frau Deïaneira ihm ein vom Blut des Zentaur Nessos getränktes und damit vergiftetes Hemd anlegte.

❸ Das vorliegende Gedicht nennt man ein Sonett. Welche Besonderheiten fallen auf?
Es setzt sich aus zwei Vierzeilern (Quartetten) und zwei Dreizeilern (Terzetten) zusammen. Quartette und Terzette sind durchgereimt, wobei es hier verschiedene Reimschemata gibt. Eines der häufigsten ist: abba – abba – ccd – eed. Das gängigste Versmaß im Barock ist der Alexandriner, ein sechshebiger jambischer Vers mit einer Zäsur (Pause) nach der dritten Hebung. Dunkle Vokale (o, u) überwiegen, was eine düstere Stimmung hervorruft.

❹ Was will Opitz mit seinem Sonett aussagen?
Opitz wünscht sich wie viele Menschen in dieser Zeit den Tod. Im Prunk, in der Eitelkeit und Schwülstigkeit der barocken Welt sehnt er sich nach einem besseren Leben ohne Sorgen, Armut, Ungerechtigkeit und Krankheit. Er hofft auf die Erlösung der Qualen, die vor allem der Dreißigjährige Krieg mit sich gebracht hat. Dabei hilft ihm der Glaube an Gott. Der Leitgedanke des Barocks „memento mori" ist in diesem Sonett deutlich zu spüren.

Andreas Gryphius: Menschliches Elende

Lerninhalte:
- Kennenlernen eines Sonetts von Andreas Gryphius
- Wissen um den Inhalt des Sonetts
- Herausarbeiten der Merkmale des Sonetts und der sprachlichen Mittel
- Herausfinden der Grundaussage des Sonetts
- Kennenlernen verschiedener Formen bildhafter Sprache
- Kennenlernen von Fachbegriffen zur Interpretation von Lyrik
- Kennenlernen des Dichters

Arbeitsmittel / Medien:
- Arbeitsblatt
- Folie 1: Symbole des Barock: vanitas – memento mori
- Folie 2: Gedicht „Menschliches Elende"
- Folie 3: Sprachliche Bilder
- Folie 4: Barock: Der Mensch im Zwiespalt
- Folie 5: Lösungsblatt
- Folie 6: Kurzbiografie Andreas Gryphius
- Folie 7: Formen bildhafter Sprache in der Lyrik
- Infoblatt: Fachbegriffe zur Interpretation von Lyrik

Folie 4

Barock
Der Mensch im Zwiespalt

Vergängliches Leben (vanitas)

Schein		Sein
Diesseitsfreude		Todessehnsucht
Lebenslust		Todesangst
Genuss (carpe diem)		Verzicht (Askese)
Paradies		Jammertal

Ewiges Tod (memento mori)

Verlaufsskizze

I. Hinführung
Stummer Impuls   Folie 1 (S. 23)   Symbole des Barock: vanitas – memento mori
Aussprache
Überleitung   L: Kennenlernen eines 1637 entstandenen Gedichtes, in dem diese symbolhaften Bilder eine Rolle spielen.

Zielangabe   Tafel   *Menschliches Elende (Andreas Gryphius)*
Vermutungen aufgrund
des Titels

II. Begegnung mit dem Gedicht
                               Folie 2 (S. 21 oben)   Gedicht: Menschliches Elende
Lehrervortrag
Schüler lesen mit
                               Arbeitsblatt (S. 21)
Schüler lesen Gedicht

III. Arbeit am Gedicht
1. Teilziel: Inhaltliche Erschließung
Klärung schwieriger   Tafel   grimmer = schlimmer, heftiger
Begriffe   fleucht = fließt
                                                     verscheußt = versiegt, verschwindet
                                                     itzund = jetzt
Kurze Zusammenfassung   Inhalt
                                                    L: Welche sprachlichen Bilder verwendet Gryphius?
Aussprache
Zusammenfassung   Folie 3 (S. 19 oben)   Sprachliche Bilder
Impuls   L: Aufbau und Form?
Aussprache
Ergebnis   Tafel   Sonett
                                                    Lyrisches Ich
                                                    Ellipse - Allegorie - Anapher - Enjambement
2. Teilziel: Gehalt
Stummer Impuls   Tafel   Dreißigjähriger Krieg (1618–1648)
Aussprache   Hunger, Seuchen, Verwüstung und Tod ⇨ Menschen hatten keine Möglichkeit, ihren Lebensumständen zu entfliehen ⇨ Sprachbilder machen dies deutlich

Zusammenfassung   Folie 4 (S. 17 unten)   Barock: Der Mensch im Zwiespalt

IV. Sicherung
Zusammenfassung   Arbeitsblatt (S. 21)
Kontrolle Lösungsblatt   Folie 5 (S. 22)
Abschließendes Lesen

V. Ausweitung
                                 Folie 6 (S. 20)   Kurzbiografie Andreas Gryphius
Erlesen mit Aussprache

                                 Folie 7 (S. 19 unten)   Formen bildhafter Sprache in der Lyrik
Erlesen mit Aussprache

                                 Infoblatt (S. 24)   Fachbegriffe zur Interpretation von Lyrik
Erlesen mit Aussprache

Sprachliche Bilder

❶ Der Mensch als

- **ein Wohnhaus grimmer Schmerzen**
  Bedeutung: Der von schlimmen Schmerzen geplagte Körper.

- **ein Ball des falschen Glücks**
  Bedeutung: Der Mensch als ruhelos geworfener Spielball mit der vergeblichen Suche nach dem wahren Glück.

- **ein Irrlicht dieser Zeit**
  Bedeutung: Winziger Lichtpunkt, der auftaucht und verschwindet, den Menschen täuscht und ihn ins Verderben führt.

- **ein Schauplatz herber Angst und scharfen Leids**
  Bedeutung: Seelische Ängste und Leid, bedingt durch die Zeitumstände (Hunger, Seuchen, Tod, Verwüstung im Dreißigjährigen Krieg).

- **bald verschmelzter Schnee**
  Bedeutung: Das Leben schmilzt sehr schnell, am Ende wartet der Tod.

- **abgebrannte Kerze**
  Bedeutung: Ausgebranntsein, Tod, Sterblichkeit und Vergänglichkeit.

❷ Das Leben als

- Geschwätz = wertloses Gerede ⇨ Nichtigkeit des Lebens
- Scherz = nicht ernst zu nehmen
- schwaches Leibes Kleid = Bedeutungslosigkeit
- eitler Traum = Illusion, dass der Mensch wichtig ist und Bleibendes schafft (vanitas)
- versiegender Strom = Wehrlosigkeit gegenüber dem Tod, der unaufhaltsam kommt
- entfliehende Luft, vergehender Rauch = Wissen um die Vergänglichkeit, Todesgewissheit (memento mori = gedenke, dass du sterben wirst)

Formen bildhafter Sprache in der Lyrik

Die häufigsten Formen bildhafter Sprache sind:

- der **Vergleich**: Zwei Dinge werden auf einen gemeinsamen Vergleichspunkt projiziert. Beispiel: Leben ist wie ein Geschwätz und Scherzen.

- die **Metapher**: Übertragung eines Wortes oder einer Wortgruppe aus dem gewohnten Bedeutungszusammenhang auf einen anderen. Beispiel: Wohnhaus = Körper.

- die **Personifizierung**: Ausstattung von Dingen und Vorgängen mit lebendigen Eigenschaften. Beispiel: Der Glaube versetzt Berge. Lügen haben kurze Beine. Die Natur weint.

- die **Chiffre**: Verkürztes Symbol, das die Realität verschlüsselt und verfremdet und nur aus dem Gesamtzusammenhang erschlossen werden kann. Beispiel: Tunnel = Weg in das Nichts.

- das **Symbol**: Ein sinnlich gegebenes und fassbares bildkräftiges Zeichen, das über sich hinaus auf einen höheren, abstrakten Bereich verweist. Beispiel: Kreuz, Herz, Ring.

- die **Allegorie**: Ein abstrakter Begriff wird verbildlicht und oft personifiziert. Beispiel: Alter, Liebe, Tugend, Laster, Glück, Gerechtigkeit (Justitia mit Augenbilde, Waage und Schwert).

- die **Hyperbel**: Übersteigerung des Ausdrucks in vergrößerndem oder verkleinerndem Sinn. Beispiel: Ich fühle eine Armee in meiner Faust (F. v. Schiller). Balken im Auge. Blitzschnell.

- die **Synekdoche**: Ersetzen eines Wortes durch einen Begriff mit engerer oder weiterer Bedeutung (Unter-, Oberbegriff). Brot = Nahrungsmittel. Dach = Haus. Schwert = Waffengewalt.

Andreas Gryphius

Andreas Gryphius, eigentlich Andreas Greif, wurde am 2. Oktober 1616 als Sohn eines Autodiakons der lutherischen Kirche im schlesischen Glogau geboren. Sein schulischer Weg war durch die Wirren des Dreißigjährigen Krieges uneinheitlich. Sie prägten nicht nur seine Jugendzeit, sondern begründeten später auch die Themen des Dichters. 1621 starb sein Vater durch den Krieg. Ab diesem Jahr besuchte er das Gymnasium in Glogau, an dem auch sein Stiefvater Michael Eder unterichtete. Im Jahr 1628 wurde die Schule von Wien aus im Zuge der katholischen Politik geschlossen. 1632 ging Gryphius dann auf ein Gymnasium in Fraustadt, 1634 auf das Akademische Gymnasium in Danzig. Zwischenzeitlich war auch seine Mutter gestorben und Gryphius wurde von dem Mäzen Georg von Schönborn unterstützt. Von 1636 bis 1638 lebte er auf dessen Anwesen nahe Fraustadt. Danach hielt er sich in Leiden auf, wohin er die zwei Söhne von Schönborn zu ihren Studien begleitete. In dieser Zeit von 1638 bis 1644 konnte sich Gryphius selbst umfassenden Studien vorwiegend der Staatslehre und Naturwissenschaften widmen. Dort traf er auch bedeutende Gelehrte wie Daniel Heinsius und Jacobus Golius. Es folgten bis 1646 Reisen durch Frankreich und Italien, deren Eindrücke und Erkenntnisse sich auch in einigen Sonetten widerspiegeln. Er lernte Pierre Corneille in Paris kennen und die Commedia dell' arte in Venedig. Über Straßburg, wo er sein erstes Trauerspiel „Leo Armenius" fertig stellte, ging er zurück nach Schlesien. Mehreren Rufen an verschiedene Universitäten folgte er nicht. Im Jahr 1649 ging er eine Ehe mit Rosine Deutschländer ein, mit der er insgesamt sieben Kinder hatte. Ab 1650 hatte er das Amt eines Rechtsbeistandes der evangelischen Landesstände in Glogau inne. In den Jahren 1634 und 1635 erschienen seine ersten Werke, die zwei lateinischen Herodes-Epen „Herodes furiae et Rachelis lachrymae" und „Die vindicis impetus et Herodis interitus".

Die Sammlung „Sonnete" von 1637 sind Gryphius früheste Dichtungen in deutscher Sprache. Sie umfasst 31 Texte und ist unter der Bezeichnung „Lissaer Sonette" bekannt geworden. Sie richten sich an Gott oder thematisieren die Welt und die Menschen oder wurden zu bestimmten Gelegenheiten gedichtet. Bereits in ihnen signalisiert sich das zentrale Thema von der menschlichen Eitelkeit (Vanitasgedanke), das gleichfalls in weiteren lyrischen Stücken, in den Leichabdankungen und den Trauerspielen variantenreich dargestellt wird.

Neben Kirchenliedern verfasste Andreas Gryphius auch Oden mit ausdruckshafter feierlicher und empfindungsvoller Rhetorik. In der dramatischen Dichtung folgte er dem Holländer Joost van den Vondel sowie dem Jesuitendrama, das den Typ des Märtyrerdramas darstellt. In diesen Werken spricht er sowohl die Vergänglichkeit an, als auch zeitgenössische politische Vorstellungen im lutherischen Sinne. In seinen Lustspielen wird die herrschende Ordnung anerkannt. Die komische Wirkung dieser Werke ergibt sich aus einem Verstoß dagegen. Dafür stehen die Lustspiele „Horribilicribrifax" (1663) oder „Peter Squentz" (1658). In den Themenkreis der Vergänglichkeit gehört sein erstes Trauerspiel „Leo Armenius" (1650) sowie weitere Werke wie „Catharina von Georgien" (1657), „Cardenio und Celinde" (1657), „Carolus Stuardus" (1657) oder „Papianismus" (1659).

Andreas Gryphius betätigte sich zudem als Übersetzer von Erbauungsbüchern des Engländers Richard Baker oder bearbeitete Kirchenlieder von Josua Stegmann. Die religiösen Vorstellungen von Andreas Gryphius waren maßgebend für sein gesamtes Dichtungswerk, besonders für seine geistlichen Schriften. In seiner Bedeutung als deutscher Dramatiker brachte Gryphius die literarische Barock-Epoche zum Höhepunkt und hielt ohne Weiteres dem Vergleich mit ausländischen Dichtern stand. Zu den weiteren Werken von Andreas Gryphius zählen unter anderem „Tewrige Freystadt" (1637), „Oden. Das erste Buch" (1643), „Epigrammata. Das erste Buch" (1643), „Teutsche Reimgedichte" (1650), „Der Schwermende Schäfer Lysis" (1661) oder „Himmel Steigente Hertzens Seüffzer" (1665). Andreas Gryphius starb am 16. Juli 1664 in Glogau.

Menschliches Elende
(Andreas Gryphius)

I Was sind wir Menschen doch? Ein Wohnhaus grimmer Schmerzen,
   Ein Ball des falschen Glücks, ein Irrlicht dieser Zeit,
   Ein Schauplatz herber Angst, besetzt mit scharfem Leid,
   Ein bald verschmelzter Schnee und abgebrannte Kerzen.

II Dies Leben fleucht davon wie ein Geschwätz und Scherzen.
   Die vor uns abgelegt des schwachen Leibes Kleid
   Und in das Toten-Buch der großen Sterblichkeit
   Längst eingeschrieben sind, sind uns aus Sinn und Herzen.

III Gleich wie ein eitel Traum leicht aus der Acht hinfällt
    Und wie ein Strom verscheußt, den keine Macht aufhält,
    So muss auch unser Nam Lob, Ehr und Ruhm verschwinden.

IV Was itzund Atem holt muss mit der Luft entfliehn,
   Was nach uns kommen wird, wird uns ins Grab nachziehn.
   Was sag ich? Wir vergehn wie Rauch von starken Winden.

❶ **Welche sprachlichen Bilder verwendet Andreas Gryphius in seinem Sonett?**

❷ **Welche Vergleiche und Metaphern hinterlassen einen besonders nachhaltigen Eindruck? Welche Wirkung haben sie auf uns?**

❸ **Wie ist das Sonett aufgebaut?**

❹ **Im Barock lebte der Mensch in ständigem Zwiespalt. Was ist darunter zu verstehen?**

❺ **Welche Aussage will Gryphius mit seinem Sonett treffen?**

Lit | Lösung

Menschliches Elende
(Andreas Gryphius)

I   Was sind wir Menschen doch? Ein <u>Wohnhaus grimmer Schmerzen</u>, a
    Ein <u>Ball des falschen Glücks</u>, ein <u>Irrlicht dieser Zeit</u>, b
    Ein <u>Schauplatz herber Angst</u>, besetzt mit scharfem Leid, b
    Ein bald <u>verschmelzter Schnee</u> und <u>abgebrannte Kerzen</u>. a

II Dies Leben fleucht davon wie ein <u>Geschwätz und Scherzen</u>. a
    Die vor uns abgelegt des <u>schwachen Leibes Kleid</u> b
    Und in das Toten-Buch der großen Sterblichkeit b
    Längst eingeschrieben sind, sind uns aus Sinn und Herzen. a

III Gleich wie ein <u>eitel Traum</u> leicht aus der Acht hinfällt c
    Und wie ein <u>Strom verscheußt</u>, den keine Macht aufhält, c
    So muss auch unser Nam Lob, Ehr und Ruhm verschwinden. d

IV Was itzund Atem holt muss mit der Luft entfliehn, e
    Was nach uns kommen wird, wird uns ins Grab nachziehn. e
    Was sag ich? Wir vergehn wie <u>Rauch von starken Winden</u>. d

❶ **Welche sprachlichen Bilder verwendet Andreas Gryphius in seinem Sonett?**
Das Leben ist Geschwätz, Scherz, eitler Traum, Strom, Luft
Metaphern: Menschen sind ein Wohnhaus grimmiger Schmerzen, ein Ball des falschen Glücks, ein Irrlicht dieser Zeit, ein Schauplatz herber Angst und Leid, schmelzender Schnee, abgebrannte Kerzen, ein schwachen Leibes Kleid

❷ **Welche Vergleiche und Metaphern hinterlassen einen besonders nachhaltigen Eindruck? Welche Wirkung haben sie auf uns?**
Menschliches Leben vergeht wie Rauch bei starken Winden. Der Mensch ist ein Wohnhaus grimmiger Schmerzen. ⇨ eindringlich, demaskierend, pessimistisch, schmerzlich, desillusionierend

❸ **Wie ist das Sonett aufgebaut?**
Die 14 Verszeilen stehen in sechshebigen Jamben (Alexandriner). Die zwei Quartette haben einen umarmenden Reim (abba/abba), die zwei Terzette einen übergreifenden Reim (ccd/eed). Auf eine männliche Kadenz (betonte Silbe) enden b (Zeit, Leid, Kleid, Sterblichkeit), c (hinfällt, aufhält) und e (entfliehn, nachziehn), der Rest endet weiblich.

❹ **Im Barock lebte der Mensch in ständigem Zwiespalt. Was ist darunter zu verstehen?**
Leben im Barock bedeutete Sein und Schein, Todesangst und Lebenslust, Askese und Genuss (carpe diem), Jammertal und Paradies. Das Wissen um die Vergänglichkeit des Daseins (vanitas) und den Tod (memento mori) bestimmte den Zwiespalt des Menschen im Barock.

❺ **Welche Aussage will Gryphius mit seinem Sonett treffen?**
Im Zentrum des Lebens von Andreas Gryphius steht der Dreißigjährige Krieg (1618–1648). Aufgrund dieses Ereignisses frägt der Autor nach dem Sinn des Lebens. Der Mensch ist dem Leid wehrlos ausgesetzt, er kann seinem irdischen Dasein nicht entfliehen. Aus diesem Gefühl des Ausgeliefertseins heraus entsteht beim Menschen des Barock eine magische Todessehnsucht und die Hoffnung auf ein besseres Leben nach dem Tod.

Harmen Steenwijk: Vanitas-Stillleben mit Totenschädel und Pfeife

Philippe de Champaigne: Vanitas (1671)

Fachbegriffe zur Interpretation von Lyrik

• Lyrisches Ich	Es bezeichnet den fiktiven Sprecher oder die Stimme eines Gedichts. Oft wird es mit der Identität des Autors gleichgesetzt, was aber umstritten ist. Heute wird der Begriff in der Literaturwissenschaft eher vermieden.
• Asyndeton	Ohne Konjunktion aufgereihte Worte oder Satzteile, die inhaltlich und grammatikalisch gleichgestellt sind. *Mein Haus. Mein Boot. Meine Frau.*
• Chiasmus	Überkreuzung. *Eng ist die Welt und das Gehirn ist weit. (F. v. Schiller)*
• Enjambement	Zeilensprung, der Satz greift auf die nächste Verszeile über. *Itzt was und morgen nichts. Und was sind unsre Taten Als ein mit herber Angst durchmischter Traum. (A. Gryphius)* Als Hakenstil bezeichnet man eine Folge von Enjambements.
• Hypotaxe	Unterordnung der Nebensätze unter den oder die Hauptsätze (verschachteltes Satzgefüge). *Weil ich meinen Vater besuchen wollte, fuhr ich, als das Wochenende herangerückt war, mit dem Zug nach Augsburg.*
• Inversion	Umstellung der regelmäßigen Wortstellung. *Groß ist Gott, klein der Mensch.*
• Parataxe	Aneinanderreihung gleichwertiger Hauptsätze. *Julia ist krank. Sie liegt im Bett. Veni, vidi, vici. (Julius Caesar)*
• Parenthese	Grammatisch selbständiger Satzeinschub, meistens in Klammern oder zwischen Gedankenstrichen. *So bitt ich – ein Versehen war's, weiter nichts – für diese rasche Tat dich um Verzeihung. (H. Kleist)*
• Alliteration	Klangfigur, bei der die Anlaute (und damit in der Regel die Anfangsbuchstaben) zwei oder mehrerer aufeinanderfolgender Wörter übereinstimmen. *Mit Mann und Maus. Spiel, Spaß und Spannung.*
• Anapher	Wiederholung des gleichen Wortes an Vers- oder Satzanfängen.
• Antonym	Wort mit gegensätzlicher Bedeutung. *groß – klein, hell – dunkel.*
• Synonym	Wort mit gleicher/ähnlicher Bedeutung. *vertikal – senkrecht.*
• Elision	Auslassen eines unbetonten Vokals, um das metrische Schema einzuhalten. *Ich hab noch nicht genug. Der ew'ge Wechsel.*
• Ellipse	Rhetorische Figur, bei der durch Auslassung von Wörtern oder Satzteilen grammatikalisch „unvollständige" Sätze gebildet werden. *Keine Musik mehr.*
• Euphemismus	Wörter, die einen Sachverhalt beschönigend, verhüllend oder verschleiert darstellen. *Umsiedlung – Vertreibung, gezielte Tötung – Mord.*
• Klimax	Rhetorische Figur der Häufung und Steigerung. *Er sei mein Freund, mein Engel, mein Gott. (F. v. Schiller)*
• Antiklimax	Rhetorische Figur der stufenweisen Abschwächung. *Urahne, Großmutter, Mutter und Kind. (Gustav Schwab)*
• Montage	Ineinanderverschieben sprachlicher Elemente aus verschiedenen Sprach- bzw. Inhaltsebenen. *Was aber sollen wir tun HEITER UND MIT MUSIK und denken HEITER angesichts eines Endes MIT MUSIK. (I. Bachmann)*
• Onomatopoesie	Lautmalerei, Wortschöpfung zum Zweck der Klangmalerei. *Der Flügelflagel gaustert / durchs Wiruwaruwolzl / die rote Fingur plaustert, / und grausig gutzt der Golz. (Ch. Morgenstern)*
• Oxymoron	Verbindung scheinbar sich ausschließender Begriffe. *Alter Knabe.*
• Paradoxon	Scheinbar widersinnige Behauptung. *Und immer süßer tut es weh.*
• Pleonasmus	Rhetorische Figur, die zur Verstärkung, Verdeutlichung oder besonderen Hervorhebung dient. *Kaltes Eis, Augenoptiker, neu renoviert, am optimalsten.*
• Polysyndeton	Wiederholung desselben Wortes innerhalb desselben Satzes. *Und es wallet und siedet und brauset und zischt. (F. v. Schiller)*
• Synästhesie	Ansprechen von mehreren Sinnesorganen zugleich. *Schreiendes Rot, helle und dunkle Töne.*

J. W. v. Goethe: Wanderers Nachtlied – Ein Gleiches

Lerninhalte:

- Kennenlernen von zwei Gedichten mit der gleichen Thematik
- Vergleich beider Gedichte
- Wissen um den Gehalt beider Gedichte
- Kennenlernen des formalen Aufbaus
- Kennenlernen der Vertonungen von Franz Schubert
- Kennenlernen des Dichters

Arbeitsmittel / Medien:

- Arbeitsblatt
- Textblatt
- Bild für die Tafel: C. D. Friedrich: „Der Abend" (1820/21)
- Folie 1: Bilder von C. D. Friedrich: „Friedhof im Schnee" (1826/27), „Der Kirchhof" (1826/28)
- Folie 2: Gedichte „Wanderers Nachtlied"/„Ein Gleiches"
- Folie 3: Lösungsblatt
- Folien 4/5: Notenvorlagen: Wanderers Nachtlied (Franz Schubert)
- Folie 6: Kurzbiografie Johann Wolfgang von Goethe
- CD: EMI Classics 7243 **5 56347 2** 6: Schubert Lieder (Ian Bostrigde/Julius Drake)

Folie 6

Johann Wolfgang von Goethe

Goethe wurde in Frankfurt am Main am 28. August 1749 als Sohn des kaiserlichen Rates Johann Caspar Goethe und der Katharina Elisabeth Goethe, geb. Textor („Frau Rath"), geboren und starb in Weimar am 22. März 1832. Goethe studierte in Leipzig (1765–1768) und in Straßburg (1770/71), wo ihm Herder den Blick für Shakespeare, Homer und die Volksdichtung öffnete. Die Liebe zu Friederike Brion war das stärkste Erlebnis seiner Jugend (Liebesgedichte). 1771 ließ er sich in Frankfurt als Anwalt nieder. Als Praktikant am Reichskammergericht in Wetzlar begegnete er Charlotte Buff, dem Urbild der Lotte in dem Briefroman „Die Leiden des jungen Werthers" (1774), der ihn weltberühmt machte. Im Herbst 1775 folgte er der Einladung des jungen Herzogs Karl August nach Weimar. Hier wuchs er als Freund des Fürsten in hohe Staatsämter hinein (1779 Geheimer Rat). Goethe wurde 1782 geadelt. Unter dem Einfluss von Charlotte von Stein kehrte er sich vom Sturm und Drang seiner Jugendzeit ab. Die italienische Reise (1786–1788) brachte in Goethe den Willen zur klassischen Form zur vollen Reife. Nach seiner Rückkehr entsagte er den meisten Amtsgeschäften. Ab 1788 war er mit Christiane Vulpius befreundet, die ihm 1789 einen Sohn mit Namen August gebar, und die er 1806 heiratete. 1791 bis 1817 leitete er das Weimarer Hoftheater. 1792 begleitete er den Herzog bei der Kampagne in Frankreich, 1793 bei der Belagerung von Mainz. Die seit 1794 bestehende Freundschaft mit Schiller regte ihn zu neuen Werken an, darunter auch zahlreiche Balladen. Goethes Altersdichtung wurde u. a. inspiriert von den Liebeserlebnissen mit Minna Herzlieb, Marianne von Willemer und Ulrike von Levetzow. In seinen Greisenjahren beschäftigte sich Goethe wieder stärker mit den Naturwissenschaften, die ihn schon früher begeistert hatten. Sein dichterisches Vermächtnis sind der Roman „Wilhelm Meisters Wanderjahre" und der zweite Teil des „Faust" (postum 1832).

Verlaufsskizze

I. Hinführung

Stummer Impuls	Tafel (S. 29)	Bild: Der Abend (C. D. Friedrich)
	Folie 1 (S. 27 unten)	Friedhof im Schnee / Der Kirchhof (C. D. Friedrich)
Aussprache		
Überleitung		L: Kennenlernen von zwei Gedichten, die diese Bilder zum Thema haben.
Zielangabe	Tafel	*Wanderers Nachtlied – Ein Gleiches* (Johann Wolfgang von Goethe)

II. Begegnung mit dem Gedicht

	Folie 2 (S. 27 Mitte)	• Gedicht: Wanderers Nachtlied (1776)
		• Gedicht: Ein Gleiches (1780)
Lehrervortrag		
Schüler lesen mit		
	Textblatt (S. 27)	
Schüler lesen Gedicht		

III. Arbeit am Gedicht

Inhaltliche Erschließung

Leitfragen

❶ Welche Reimschemata haben beide Gedichte?
❷ Was meint Goethe im ersten Gedicht mit „süßer Friede"?
❸ Das zweite Gedicht steht in polarer Spannung zum ersten. Begründe.
❹ Der zentrale Begriff des zweiten Gedichts ist „Ruhe". Was könnte er bedeuten?
❺ Der Wanderer kann als Symbol gedeutet werden. Inwiefern?
❻ Welche Aussage will Goethe mit seinem zweiten Gedicht treffen?

Aussprache
Zusammenfassung — Tafel

IV. Sicherung

Zusammenfassung	Arbeitsblatt (S. 31)
Kontrolle Lösungsblatt	Folie 3 (S. 32)
Abschließendes Lesen	

V. Ausweitung

	Folie 4 (S. 28)	Notenvorlage: Wanderers Nachtlied von
	CD	Franz Schubert (op. 96 Nr. 3)
1. Hören		
Aussprache		Adäquate Umsetzung des Textes in Musik
		Besetzung: Gesang – Klavier
		Tonart – Tempo – Dynamik
		Das Wanderer-Motiv in Schuberts Liedschaffen (Liederzyklen: „Winterreise" / „Die schöne Müllerin")
2. Hören		
	Folie 5 (S. 30)	Notenvorlage: Wanderers Nachtlied von
	CD	Franz Schubert (op. 4 Nr. 3)
Aussprache		
	Folie 6 (S. 25 unten)	Kurzbiografie Johann Wolfgang von Goethe
Erlesen mit Aussprache		

Wanderers Nachtlied – Ein Gleiches
(Johann Wolfgang von Goethe)

C. D. Friedrich: Der Abend (1820/21)

**Wanderers Nachtlied
(1776)**

Der du von dem Himmel bist,
alles Leid und Schmerzen stillst,
den, der doppelt elend ist,
doppelt mit Erquickung füllest,
ach, ich bin des Treibens müde!
Was soll all die Qual und Lust?
Süßer Friede,
komm, ach komm in meine Brust!

**Ein Gleiches
(1780)**

Über allen Gipfeln
ist Ruh',
in allen Wipfeln
spürest du
kaum einen Hauch;
die Vögelein schweigen im Walde.
Warte nur, balde
ruhest du auch.

C. D. Friedrich: Friedhof im Schnee (1826/27)

C. D. Friedrich: Der Kirchhof (1826/28)

Arbeitsblatt

Lit | Name: _____ | Datum: _____

Wanderers Nachtlied – Ein Gleiches
(Johann Wolfgang von Goethe)

Das erste Gedicht „Wanderers Nachtlied" ist 1776 nördlich von Weimar auf dem Ettersberg, das zweite „Ein Gleiches" 1780 auf dem Kickelhahn bei Ilmenau in Thüringen entstanden, wo Goethe es an die Bretterwand einer Holzhütte geschrieben hat, in der er öfters übernachtete.

❶ Inwiefern gleichen sich die beiden Gedichte?
_____
_____
_____

❷ Worin unterscheiden sich die beiden Gedichte?
_____
_____
_____

❸ Wie kann man das erste Gedicht deuten?
_____
_____
_____
_____

❹ Wie ist das zweite Gedicht aufgebaut?

Vokale: Vom Hellen (___) zum Dunklen (___)

Über allen Gipfeln   Ruhe
In allen Wipfeln   Kaum ein Hauch
Im Walde   Schweigen der Vögel
           Stille

❺ Welche Reimschemata liegen bei beiden Gedichten vor?

❻ Wie kann man das zweite Gedicht deuten?
_____
_____
_____
_____
_____

Lit | Lösung

Wanderers Nachtlied – Ein Gleiches
(Johann Wolfgang von Goethe)

Das erste Gedicht „Wanderers Nachtlied" ist 1776 nördlich von Weimar auf dem Ettersberg, das zweite „Ein Gleiches" 1780 auf dem Kickelhahn bei Ilmenau in Thüringen entstanden, wo Goethe es an die Bretterwand einer Holzhütte geschrieben hat, in der er öfters übernachtete.

❶ **Inwiefern gleichen sich die beiden Gedichte?**
Beide Gedichte sind von Goethe nach einer Wanderung verfasst worden und gehen von einer ähnlichen Stimmung aus. In beiden ist der Wunsch des Wanderers nach Ruhe ein existenzielles Bedürfnis. Beide Gedichte stimmen in den Verszeilen und im Reimschema nahezu überein.

❷ **Worin unterscheiden sich die beiden Gedichte?**
Während im ersten Gedicht das leidende Individuum im Mittelpunkt steht, ist es im zweiten Gedicht die Natur. Ist im ersten Gedicht das Bedürfnis nach Ruhe noch ein Wunsch, so wird dieser im zweiten Gedicht zur Gewissheit.

❸ **Wie kann man das erste Gedicht deuten?**
Das erste Gedicht erinnert mit seiner fast andächtigen Stimmung an ein Gebet. Ein Mensch ruft ein himmlisches Wesen (Gott) und bittet um Ruhe und Frieden, um Befreiung von seinen Begierden und um Erlösung von seiner Zerrissenheit. „Süßer Frieden" erscheint als euphemistisches Symbol für den herbeigesehnten Tod.

❹ **Wie ist das zweite Gedicht aufgebaut?**

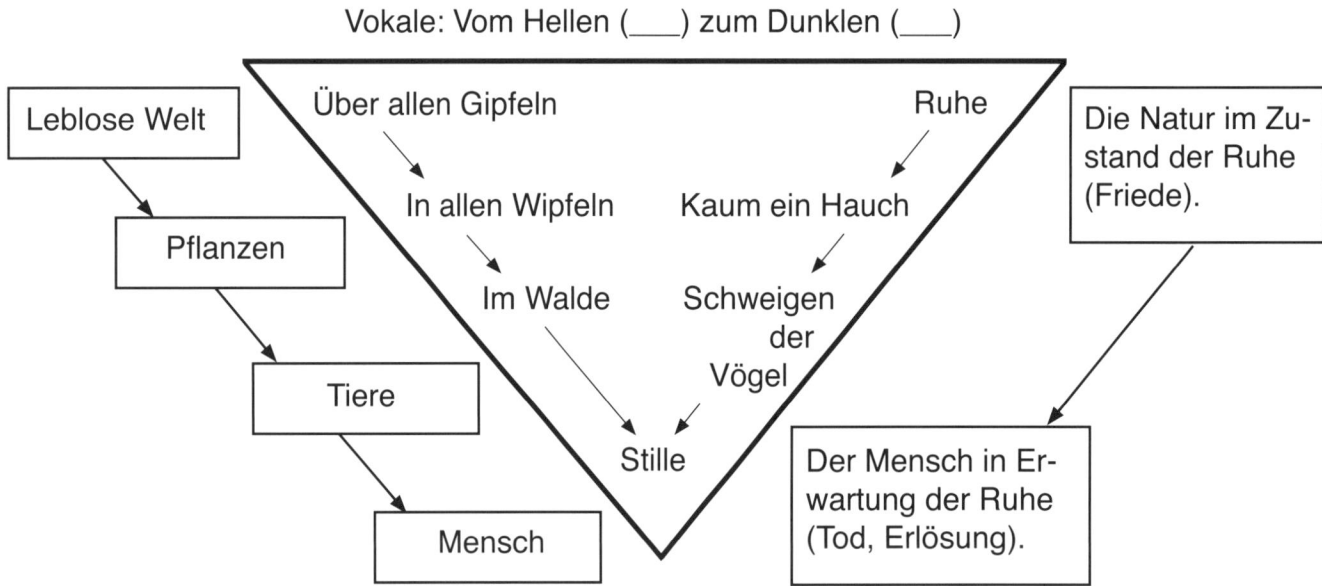

❺ **Welche Reimschemata liegen bei beiden Gedichten vor?**
1. Gedicht: a b a b / c d c d ; 2. Gedicht: a b a b / c d d c

❻ **Wie kann man das zweite Gedicht deuten?**
Das zweite Gedicht steht in polarer Spannung zum ersten. Goethe sieht das Ideal des Menschseins in der Verschmelzung mit der Natur. Der zentrale Begriff ist das Wort „Ruhe", womit die erlösende Ruhe des Todes gemeint sein könnte. Das „warte nur", an den Wanderer als Symbolfigur des ruhelosen Geistes gerichtet, ist mehr Trost als Mahnung, obwohl das Schweigen der Vögel (Ruhe vor dem Sturm?) und das Verspüren kaum eines Hauches (Todeshauch?) auch als Bedrohung aufgefasst werden kann. Trotzdem ist dem „Memento mori" alle Drohung genommen.

Theodor Storm: Die Stadt

Lerninhalte:
- Kennenlernen des Inhaltes von Theodor Storms Gedicht „Die Stadt"
- Kennenlernen des formalen Aufbaus
- Betrachten der Sprache des Verfassers
- Herausfinden der Aussage des Verfassers
- Vergleich von Storms Gedicht mit sogenannten Heimatgedichten
- Kennenlernen des Dichters

Arbeitsmittel / Medien:
- Arbeitsblatt
- Folie 1: Husum – die graue Stadt am Meer
- Folie 2: Gedicht „Die Stadt"
- Folie 3: Gedicht „Daheim" von Prinz Emil zu Schoenaich-Carolath
- Folie 4: Heimatkitsch
- Folie 5: Lösungsblatt
- Folie 6: Kurzbiografie Theodor Storm

Folie 1

Husum – die graue Stadt am Meer
Sie ist die Stadt, in der die Spuren Theodor Storms allgegenwärtig sind. Im Haus in der Wasserreihe, dem kleinen Gässchen in Hafennähe, lebte und arbeitete der 1817 in Husum geborene Dichter viele Jahre. Heute ist hier das Storm-Museum untergebracht. Die Räume sind originalgetreu hergerichtet: Handschriften, Möbel, Bilder – hier kann man sich in die Zeit Theodor Storms zurückversetzen. Nicht zuletzt steht hier der Schreibtisch, den der Dichter zu seinem 70. Geburtstag erhielt und dessen Schnitzereien Emil Nolde fertigte, als er noch Emil Hansen hieß und als Schnitzer bei der Flensburger Werkstatt Sauermann arbeitete.

Verlaufsskizze

I. Hinführung

Stummer Impuls	Folie 1 (S. 33 unten)	Bild Husum/geografische Lage
Aussprache		
	Folie 1 (S. 33 unten)	Text: Husum – die graue Stadt am Meer
Aussprache		
Überleitung		L: Kennenlernen eines Gedichts über diese Stadt.
Zielangabe	Tafel	*Die Stadt (Theodor Storm)*

II. Begegnung mit dem Gedicht

	Folie 2 (S. 37)	Gedicht: Die Stadt
Lehrervortrag		
Schüler lesen mit		
	Arbeitsblatt (S. 37)	
Schüler lesen Gedicht		

III. Arbeit am Gedicht

Inhaltliche Erschließung

Arbeitsaufgaben zur
Gruppenarbeit (arbeitsgleich)

Wie stellt Storm seine Heimatstadt dar? Finde Adjektive heraus, die diese Stadt beschreiben. Vergleiche dabei die erste und zweite Strophe mit der dritten! Unterschied?

Zusammenfassung
Gruppenberichte   Tafel

Die beiden ersten Strophen zeichnen das illusionslose Bild der Stadt mit Adjektiven wie „eintönig", „hart", „grau" und „schwer". In der dritten Strophe wird die Stimmung durch das zweimalige „doch" ins Positive gekehrt mit Wörtern wie „Zauber", „Herz", „Jugend" und „ruht lächelnd".
L: Welche Aussage will Storm mit seinem Gedicht treffen?

Aussprache
Zusammenfassung   Tafel

Storms Liebe zu seiner Heimatstadt ist so stark, dass er das objektive Bild dieser Stadt nicht beschönigen muss.

Stummer Impuls   Folie 3 (S. 36 oben)   Gedicht: Daheim (Prinz Emil zu Schoenaich-Carolath)

Schüler lesen
Aussprache

Vergleich beider Gedichte
Kitsch – Kunst
Folie 4 (S. 36 unten)   Heimatkitsch
Zwei Bilder von Paul Hey

Erlesen mit Aussprache

IV. Sicherung

Zusammenfassung	Arbeitsblatt (S. 37)	
Kontrolle Lösungsblatt	Folie 5 (S. 38)	
Abschließendes Lesen		

V. Ausweitung

	Folie 6 (S. 35)	Kurzbiografie Theodor Storm
Erlesen mit Aussprache		

Theodor Storm

Am 14. September 1817 wird Hans Theodor Woldsen Storm in Husum als erstes Kind des Justizrats Johann Casimir Storm und seiner Frau, der Patriziertochter Lucie Woldsen, geboren. Er wächst ohne strenge Erziehung und ohne Bindung zur Religion auf. Schon mit vier Jahren besucht Storm die Grundschule, mit neun Jahren die Gelehrtenschule in Husum. 1835 schließlich wechselt er zu einem Gymnasium in Lübeck. Storm findet dort in Ferdinand Röse einen Freund, der ihn nicht nur in die Gesellschaft Lübecks einführt, sondern ihm auch die Werke Heines, Goethes, Schillers, Eichendorffs und anderer Dichter nahebringt. 1837 beginnt Storm an der Universität in Kiel ein Jurastudium. Seinem Freund Röse folgt er 1838 für drei Semester nach Berlin. Nach seiner Rückkehr nach Kiel 1839 sammelt Storm schleswig-holsteinische Sagen, Märchen und Lieder, die Karl Müllenhoff 1845 herausgibt. Bereits 1840 veröffentlicht Storm erste

Gedichte. 1843 erscheint das Liederbuch dreier Freunde, das mehr als 120 Gedichte der Gebrüder Mommsen und Storms enthält. Ende 1842 besteht er das juristische Abschlussexamen. Im folgenden Jahr kehrt er nach Husum zurück und arbeitet zunächst in der Kanzlei seines Vaters. Überraschend für seine Familie verlobt er sich 1844 mit seiner Cousine Constanze Esmarch aus Segeberg, die er 1846 heiratet. Doch dann verliebt sich Storm leidenschaftlich in die erst 19-jährige Senatorentochter Dorothea Jensen. Sogar eine Ehe zu dritt wird in Erwägung gezogen. Schließlich aber verzichtet Storm und verlässt Husum. Erst nach dem Tod seiner Frau Constanze im Jahr 1865 kann er seine frühere Geliebte Dorothea „Do" Jensen heiraten. Politische Ereignisse bestimmen die nächsten Jahre seines Lebens. Storm, infolge der damaligen politischen Konstellationen als Däne geboren, hat sich bereits 1840 in Kiel der schleswig-holsteinischen Volksbewegung gegen die dänische Vorherrschaft angeschlossen. Auch nach dem Friedensschluss von 1850 zwischen Preußen, Österreich und Dänemark, durch den Schleswig und Holstein dem dänischen Staat einverleibt werden, ist seine Haltung unversöhnlich, so dass ihm der dänische Staat die Advokatur entzieht. 1853 emigriert Storm nach Berlin, wo er auf die Unterstützung seines Vaters angewiesen ist. Nur mühsam dienert sich Storm hoch und erhält eine unbezahlte Anstellung am Kreisgericht in Potsdam. Dass er angesichts der trostlosen finanziellen und beruflichen Verhältnisse seine literarischen Arbeiten nicht gänzlich vernachlässigt, verdankt er dem literarischen Verein „Tunnel über der Spree" in Berlin. Dort lernt er u. a. Theodor Fontane, Paul Heyse, Adolph von Menzel, Franz Kugler und selbst den alten Eichendorff kennen. Erst 1856 bessert sich seine materielle Situation. Er wird zum Kreisrichter ernannt und findet die lange gewünschte Anstellung in Heiligenstadt. Trotz seines Berufes hat Storm nun genügend Zeit für sein literarisches Schaffen. 1864 marschieren preußische und österreichische Truppen in Schleswig ein. Im Friedensvertrag von Wien tritt draufhin Dänemark alle Rechte auf Schleswig und Holstein an die Deutschen ab. In einer spontanen Versammlung von Husumer Bürgern wird der dänische Landvogt abgesetzt und Storm zum neuen Landvogt ausgerufen. Im März 1864 kehrt Storm nach Husum zurück. Dort bleibt er bis 1880, übt zunächst das Amt des Landvogts aus und ist ab 1867 Amtsrichter. Storms Bekanntheitsgrad wächst von Jahr zu Jahr. Jüngere Schriftsteller suchen seinen persönlichen Kontakt, mit anderen wie Turgenjew, den er 1855 während einer Reise nach Baden-Baden kennengelernt hat, und Gottfried Keller verkehrt er brieflich. 1868 erscheint die erste Ausgabe seiner „Sämtlichen Schriften", in regelmäßigen Abständen entstehen nun die Novellen, u. a. „In St. Jürgen" (1867), „Draußen im Heidedorf" (1871/72), „Viola tricolor" (1873), „Pole Poppenspäler" (1874), „Waldwinkel" (1874), „Psyche" (1875), „Im Nachbarhause links" (1875), „Aquis submersus" (1875/76), „Carsten Curator" (1877), „Renate" (1877/78), „Im Brauerhause" (1878/79), „Eekenhof" (1879), „Die Söhne des Senators" (1881), „Der Herr Etatsrat" (1880/81), „Hans und Heinz Kirch" (1881/82), „Schweigen" (1882/83), „Zur Chronik von Grieshuus" (1883/84), „John Riew" (1884/85), „Bötjer Basch" (1887), „Ein Doppelgänger" (1886). Nach der Pensionierung 1880 bezieht Storm eine Villa in Hademarschen. Bereits Ende 1886 erkrankt er schwer, Anfang 1887 wird Magenkrebs diagnostiziert. Trotz der Leiden kann Storm seine längste Novelle noch vollenden. Es ist „Der Schimmelreiter" (1888). Theodor Storm stirbt am 4. Juli 1888. Am 7. Juli wird er, begleitet von einer riesigen Menschenmenge, doch ohne Priester, wie er es zu Lebzeiten bestimmt hat, auf dem Friedhof St. Jürgen in Husum beigesetzt.

Daheim
(Prinz Emil zu Schoenaich-Carolath)

Ein Weg durch Korn und roten Klee,
darüber der Lerche Singen,
das stille Dorf, der helle See,
süßes Wehen, frohes Klingen.

Es wogt das Korn im Sonnenbrand,
darüber die Glocken schallen.
Sei mir gegrüßt, mein deutsches Land,
du schönstes Land von allen!

Paul Hey: Das Wandern (1909)

Paul Hey: Lieb' Heimatland, ade! (1909)

Heimatkitsch

Fernher rauscht das Meer in die holde Stille, der Wind regt sanft das starre Laub. Ein mattseidenes Gewand, elfenbeinweiß und golden bestickt, umfließt ihre Glieder und lässt einen zartgeschwungenen Nacken frei, auf dem die feuerfarbenen Flechten lasten. Noch brannte kein Licht in Brunhilds einsamen Gemach; die schlanken Palmen ragten wie dunkle, phantastische Schatten aus ihren kostbaren chinesischen Kübeln empor, die weißen Marmorleiber der Antike glänzten gespenstisch dazwischen und an den Wänden verschwanden die Bilder in ihren breiten mattschimmernden Goldrahmen.

Brunhild saß vor dem Flügel und ließ die Hände voll süßer Schwärmerei über die Tasten gleiten. Suchend floß ein schweres Largo daher, wie sich Rauchschleier aus glimmenden Aschen lösen, vom Winde zerfetzt werden und in bizarren Brocken herumfliegen, getrennt von der Flamme, wesenlos. Langsam wuchs die Melodie zum Maëstoso, sie rollt dahin in mächtigen Akkorden und kehrt wieder mit holden, flehenden, unsäglich süßen Kinderstimmen und mit Engelschören und rauscht über nächtliche Wälder und einsame, weite, brennend rote Heiden, wo alte Heidenmale stehen, und spielt um verlassene Dorfkirchhöfe. Helle Wiesen gehen auf, Frühlinge spielen mit leicht bewegten Gestalten, und vor dem Herbst sitzt eine alte Frau, eine böse Frau, um die herum alle Blätter fallen. Winter wird sein. Große glänzende Engel, die den Schnee nicht streifen, aber so hoch wie die Himmel sind, werden sich zu horchenden Hirten neigen und ihnen singen von dem Märchenkinde in Bethlehem. Der heiligen Weihnacht geheimnisgesättigter Himmelszauber umwebt die in tiefem Frieden schlummernde winterliche Heide, als ob ein Harfenlied fremd im Tageslärm klänge, als ob das Geheimnis der Wehmut selber den göttlichen Ursprung besänge. Und draußen streicht der Nachtwind mit zarten, tastenden Händen um das Goldhaus, und die Sterne wandeln durch die Winternacht.

Walter Killy: Deutscher Kitsch

Die Stadt
(Theodor Storm)

Das Gedicht ist um 1850 entstanden und zeichnet ein Bild von Storms Heimatstadt Husum.

I Am grauen Strand, am grauen Meer
und seitab liegt die Stadt;
der Nebel drückt die Dächer schwer,
und durch die Stille braust das Meer
eintönig um die Stadt.

II Es rauscht kein Wald, es schlägt im Mai
kein Vogel ohn' Unterlass;
die Wandergans mit hartem Schrei
nur fliegt in Herbstesnacht vorbei,
am Strande weht das Gras.

III Doch hängt mein ganzes Herz an dir,
du graue Stadt am Meer;
der Jugend Zauber für und für
ruht lächelnd doch auf dir, auf dir,
du graue Stadt am Meer.

❶ **Welche Wirkung haben die beiden ersten Strophen auf dich?**

❷ **Welchen Eindruck hinterlässt die dritte Strophe?**

❸ **Welche Form (Reimschema, Metrum) liegt bei diesem Gedicht vor?**

❹ **Wo liegt die Form der Alliteration vor?**

❺ **Welche Bedeutung hat das Wörtchen „doch" in der dritten Strophe?**

❻ **Welche Haltung nimmt Storm gegenüber seiner Heimatstadt ein?**

❼ **Inwiefern ist das Gedicht keineswegs „Heimat-Kitsch"?**

Arbeitsblatt / Folie 5

Lit | Lösung

Die Stadt
(Theodor Storm)

Das Gedicht ist um 1850 entstanden und zeichnet ein Bild von Storms Heimatstadt Husum.

I Am grauen Strand, am grauen Meer
   und seitab liegt die Stadt;
   der Nebel drückt die Dächer schwer,
   und durch die Stille braust das Meer
   eintönig um die Stadt.

II Es rauscht kein Wald, es schlägt im Mai
   kein Vogel ohn' Unterlass;
   die Wandergans mit hartem Schrei
   nur fliegt in Herbstesnacht vorbei,
   am Strande weht das Gras.

III Doch hängt mein ganzes Herz an dir,
    du graue Stadt am Meer;
    der Jugend Zauber für und für
    ruht lächelnd doch auf dir, auf dir,
    du graue Stadt am Meer.

❶ **Welche Wirkung haben die beiden ersten Strophen auf dich?**
Die beiden ersten Strophen wirken trostlos und zeigen das düstere, triste, illusionslose Bild einer Stadt. Adjektive wie „eintönig", „hart", „schwer" und „grau" verstärken dieses Erscheinungsbild. Die Häufung dunkler Vokale erzeugt zusätzlich noch eine dumpfe Stimmung.

❷ **Welchen Eindruck hinterlässt die dritte Strophe?**
Die dritte Strophe steht in krassem Gegensatz zu den beiden ersten Strophen. Die Stimmung ist positiv, was durch Begriffe wie „Jugend", „Zauber", „ruht lächelnd" und „Herz" noch unterstrichen wird. Die Stadt wird personifiziert und persönlich angesprochen.

❸ **Welche Form (Reimschema, Metrum) liegt bei diesem Gedicht vor?**
Das Gedicht besteht aus drei Strophen zu jeweils fünf Verszeilen und weist als Metrum den Jambus auf. Alle Verse haben eine männliche Kadenz. Das Reimschema a b a a b ist ein erweiterter Kreuzreim, wobei das zweite „a" jeweils doppelt auftritt.

❹ **Wo liegt die Form der Alliteration vor?**
Als Alliteration bezeichnet man die Wiederholung von Lauten am Anfang von Wörtern, Versen oder Strophen: 1. Strophe: **D**er Nebel **d**rückt **d**ie **D**ächer schwer. 3. Strophe: **D**och - **D**u - **D**er - **D**u.

❺ **Welche Bedeutung hat das Wörtchen „doch" in der dritten Strophe?**
Durch das zweimalige „doch" wird das subjektiv positive Bild der Stadt, das der Dichter so empfindet, dem objektiv negativen Bild entgegengestellt.

❻ **Welche Haltung nimmt Storm gegenüber seiner Heimatstadt ein?**
Storms Liebe zu seiner Heimatstadt, der grauen Stadt am Meer, ist so groß und erfüllt, dass er das objektiv trostlose Bild nicht beschönigen und verleugnen muss. Gerade in der Wahrhaftigkeit der Beschreibung zeigt sich deutlich die enge Beziehung des Dichters zu seiner Heimat.

❼ **Inwiefern ist das Gedicht keineswegs „Heimat-Kitsch"?**
Storm verwendet keine abgegriffenen und übergefühligen Wendungen wie „süßes Wehen" oder „frohes Klingen", in denen nur Distanzlosigkeit und Banalität zum Ausdruck kommen.

Joseph Freiherr von Eichendorff: Mondnacht

Lerninhalte:
- Kennenlernen des Inhaltes von Eichendorffs Gedicht „Mondnacht"
- Kennenlernen des formalen Aufbaus
- Betrachten der Sprache des Verfassers
- Herausfinden der Aussage des Verfassers
- Kennenlernen der Vertonung von Robert Schumann
- Wissen um die Merkmale und Motive romantischer Dichtung
- Kennenlernen des Dichters

Arbeitsmittel / Medien:
- Arbeitsblatt
- Folie 1: Bild von Caspar David Friedrich „Zwei Männer, den Mond betrachtend" (1819)
- Folie 2: Gedicht „Mondnacht" (Joseph Freiherr von Eichendorff)
- Folie 3: Lösungsblatt
- Folien 4/5: Notenvorlage: Mondnacht (op. 39 Nr. 5) von Robert Schumann
- Folie 6: Kurzbiografie Joseph Freiherr von Eichendorff
- Folie 7: Romantik
- CD: Robert Schumann: Liederkreis op. 39 (Fischer-Dieskau) DGG B.-Nr. 7875759 (bei JPC)

Folie 6

Joseph Freiherr von Eichendorff

Joseph Freiherr von Eichendorff wurde am 10. März 1788 auf Schloss Lubowitz bei Ratibor im polnisch-mährischen Grenzgebiet Oberschlesiens als Sohn des preußischen Offiziers und Freiherrn Adolf Theodor Rudolf von Eichendorff und dessen Frau Karoline geboren.

Joseph erhielt von 1793 bis 1801 zusammen mit seinem zwei Jahre älteren Bruder Wilhelm zu Hause Unterricht. Es folgten neben umfangreicher Lektüre von Abenteuer- und Ritterromanen und antiken Sagen auch erste literarische Versuche.

Ab Oktober 1801 bis 1804 besuchten Joseph und Wilhelm gleichzeitig das katholische Gymnasium in Breslau. Sie wohnten im St.-Josephs-Konvikt. Von 1805 bis 1806 studierte Eichendorff in Halle Jura, von 1807 bis 1808 dann in Heidelberg. Noch 1808 unternahm er eine Bildungsreise, die ihn nach Paris und über Nürnberg und Regensburg nach Wien führte. 1809 kehrte er nach Lubowitz zurück, um dem Vater bei der Verwaltung der Güter zur Seite zu stehen.

Im Winter 1809/10 fand sich Eichendorff wieder im Universitätsbetrieb, nun aber an der auf Initiative Wilhelm von Humboldts neu gegründeten Universität in Berlin. Hier hörte er Fichte und traf mit Arnim, Brentano und Kleist zusammen. Im Sommer 1810 setzte er dann das Studium der Rechte in Wien fort und schloss es 1812 ab. Von 1813 bis 1815 nahm Eichendorff als Lützower Jäger an den Befreiungskriegen teil.

1816 begab er sich in den preußischen Staatsdienst, zuerst als Referendar in Breslau. 1817 wurde seine Tochter Therese geboren. 1821 wurde er zum katholischen Kirchen- und Schulrat zu Danzig, 1824 zum Oberpräsidialrat zu Königsberg ernannt. Mit den Diensten für etliche preußische Ministerien siedelte er dann 1831 nach Berlin. 1841 wurde Eichendorff zum Geheimen Regierungsrat ernannt. 1844 nahm er wegen Meinungsverschiedenheiten in Konfessionsfragen Abschied und ließ sich pensionieren. Nach dem Tode seines Bruders Wilhelm 1849 erbte Eichendorff dessen Grundherrschaft in Sedlnitz. Von 1856 bis 1857 weilte er als Gast des Breslauer Erzbischofs Heinrich Förster auf dessen Sommerresidenz Schloss Johannisberg bei Jauernig und schrieb dort auch. Eichendorff starb am 26. November 1857 in Neisse (Schlesien).

Verlaufsskizze

I. Hinführung

Stummer Impuls	Folie 1 (S. 43 oben)	Bild: Zwei Männer, den Mond betrachtend (Caspar David Friedrich)
Aussprache		
Überleitung		L: Kennenlernen eines Gedichts, zu dem dieses Gemälde passt. Für Marcel Reich-Ranicki, den berühmtesten deutschen Literaturkritiker, ist es das schönste Gedicht der deutschen Literatur.
Zielangabe	Tafel	*Mondnacht (Joseph von Eichendorff)*

II. Begegnung mit dem Gedicht

	Folie 2 (S. 43 unten)	Gedicht: Mondnacht
Lehrervortrag		
Schüler lesen mit		
Schüler lesen Gedicht		
		L: Welche Gefühle hast du beim Lesen dieses Gedichts?
Spontanäußerungen		

III. Arbeit am Gedicht

		L: Inhalt?
Aussprache	Tafel	Das Gedicht gibt die gefühlvolle Stimmung einer Mondnacht wieder. Es findet kaum eine Handlung statt, keine wörtliche Rede, nur traumhafte Bilder.
Arbeitsaufgaben zur Gruppenarbeit		❶ Untersuche den formalen Aufbau. ❷ Finden die Alliterationen und die unreinen Reime heraus. ❸ Wo findest du Enjambements? ❹ Was bedeuten die Metaphern „Himmelskuss" und „Ausspannen der Flügel"? ❺ Was meint Eichendorff mit dem Wort „Haus"? Welche Aussage will er mit seinem Gedicht treffen?
Zusammenfassung		

IV. Sicherung

Zusammenfassung	Arbeitsblatt (S. 45)	
Kontrolle Lösungsblatt	Folie 3 (S. 46)	
Abschließendes Lesen		

V. Ausweitung

		L: Anhören einer Vertonung des Gedichts.
	Tafel	Komponist: Robert Schumann (1810–1856) Kunstlied für eine Singstimme und Klavier
1. Hören	CD	
Höraufgaben		L: Wie wird durch die Musik die Stimmung des Gedichts umgesetzt? Welche Rolle spielt das Klavier?
Aussprache/2. Hören	CD/	
Schüler lesen mit	Folien 4/5 (S. 41/42)	Notenvorlage: Mondnacht (Robert Schumann)
Aussprache		
	Folie 6 (S. 39)	Kurzbiografie Joseph Freiherr von Eichendorff
	Folie 7 (S. 44)	Romantik
Erlesen mit Aussprache		
Hausaufgabe		L: Wie würdest du das Gedicht malen?

V.
Mondnacht

Op. 39 Nº 5

Zart, heimlich

31.

Es war als hätt' der Himmel die Erde still geküßt,
daß sie im Blütenschimmer von ihm nur träumen müßt'.

Die Luft ging durch die Felder,

die Äh- ren wog- ten sacht, es rausch- ten leis' die Wäl- der, so stern- klar war die Nacht.

Und mei- ne See- le spann- te weit ih- re Flü- gel aus, flog durch die stil- len Lan- de, als flö- ge sie nach Haus.

Caspar David Friedrich: Zwei Männer, den Mond betrachtend (1819)

Mondnacht
(Joseph von Eichendorff)

I   Es war, als hätt' der Himmel
    die Erde still geküsst,
    dass sie im Blütenschimmer
    von ihm nun träumen müsst'.

II   Die Luft ging durch die Felder,
    die Ähren wogten sacht,
    es rauschten leis' die Wälder,
    so sternklar war die Nacht.

III   Und meine Seele spannte
    weit ihre Flügel aus,
    flog durch die stillen Lande,
    als flöge sie nach Haus.

Romantik

Die Romantik entstand als Gegenbewegung zur Klassik (= Rückbesinnung auf griechische und römische Formen), die das Ende des 18. Jahrhunderts mit ihren Gedanken und Ideen beeinflusste.

Das Wort „Romantik" leitet sich von „romantisch" ab und bedeutet soviel wie schwärmerisch, verträumt, unwirklich, fantastisch und stimmungsvoll. Der romantisch veranlagte Mensch ist gefühlsbetont und wird weniger von seinem Verstand geleitet. Was der Romantiker in der Welt suchte, war der Zugang zu seiner Seele, eine Sehnsucht zu sich selbst und ein Weg nach innen. Er war der Meinung, dass er nur in sich selbst die Ewigkeit mit ihren Welten, die Vergangenheit und die Zukunft finden konnte.

Die Romantik lässt sich in verschiedene Gruppen unterteilen:
① Frühromantik (1795–1804)
② Hochromantik (1805–1814)
③ Spätromantik (1815–1835)

Kennzeichen der Romantik

Die Romantik ist die völlige Poetisierung des Lebens, zugleich aber auch eine ungeahnte Erweiterung der subjektiven Einfühlungs- und Erlebniskraft, die alle erstarrten Überlieferungen neu belebt. Indem die Gesetze und Grenzen der gegenständlichen Erfahrung aufgehoben wurden und man Geist und Fantasie einen unendlichen Spielraum gab, erhielt die Kunst die Fähigkeit zum unbegrenzten Spiel mit Stoffen, Stimmungen und Gefühlen. Der Dichter konnte eine Welt der Illusion bauen, die er dann wieder in Frage stellte.

Das „Kunstwerk" der Dichter wurde zum Mittel, um zu den geheimen Kräften der Natur zu gelangen. Dadurch wurden die Grenzen zwischen Bewusstem und Unbewusstem verwischt. Das Interesse am Dunklen, Unheimlichen, Unbekannten und Wundersamen dominierte.

Motive der Romantik

❶ Die Blaue Blume, die als zentrales Symbol der Romantik für Sehnsucht, Liebe und das metaphysische Streben nach dem Unendlichen steht.

❷ Wanderer- und Reisemotiv

❸ Spiegel- und Doppelgängermotiv

❹ Fabelwesen (Feen, Dämonen, Gespenster)

❺ Nacht

❻ Sehnsucht nach der Ferne

❼ Die Jahreszeiten

❽ Kritik am Spießertum (Biedermeierzeit)

❾ Nationalgefühl (Gedankengut der Französischen Revolution 1789)

❿ Mystifizierung und Verherrlichung des Mittelalters (Sehnsucht nach der Vergangenheit)

C. D. Friedrich: Wanderer über dem Nebelmeer (1818)

Arbeitsblatt

Lit | Name: _____ | Datum: _____

Mondnacht
(Joseph von Eichendorff)

Es war, als hätt' der Himmel
die Erde still geküsst,
dass sie im Blütenschimmer
von ihm nun träumen müsst'.

Die Luft ging durch die Felder,
die Ähren wogten sacht,
es rauschten leis' die Wälder,
so sternklar war die Nacht.

Und meine Seele spannte
weit ihre Flügel aus,
flog durch die stillen Lande,
als flöge sie nach Haus.

Das Gedicht ist 1837 entstanden und thematisiert die Sehnsucht als zentrales Motiv romantischer Lyrik. Robert Schumann vertonte es im Jahr 1840 in seinem Liederkreis op. 39.

C. D. Friedrich: Zwei Männer, den Mond betrachtend (1819)

❶ **Welche Form weist das Gedicht auf?**
_____
_____
_____

❷ **Wo kommen im Gedicht Alliterationen und unreine Reime vor?**
_____
_____

❸ **Welche Struktur hat das Gedicht?**

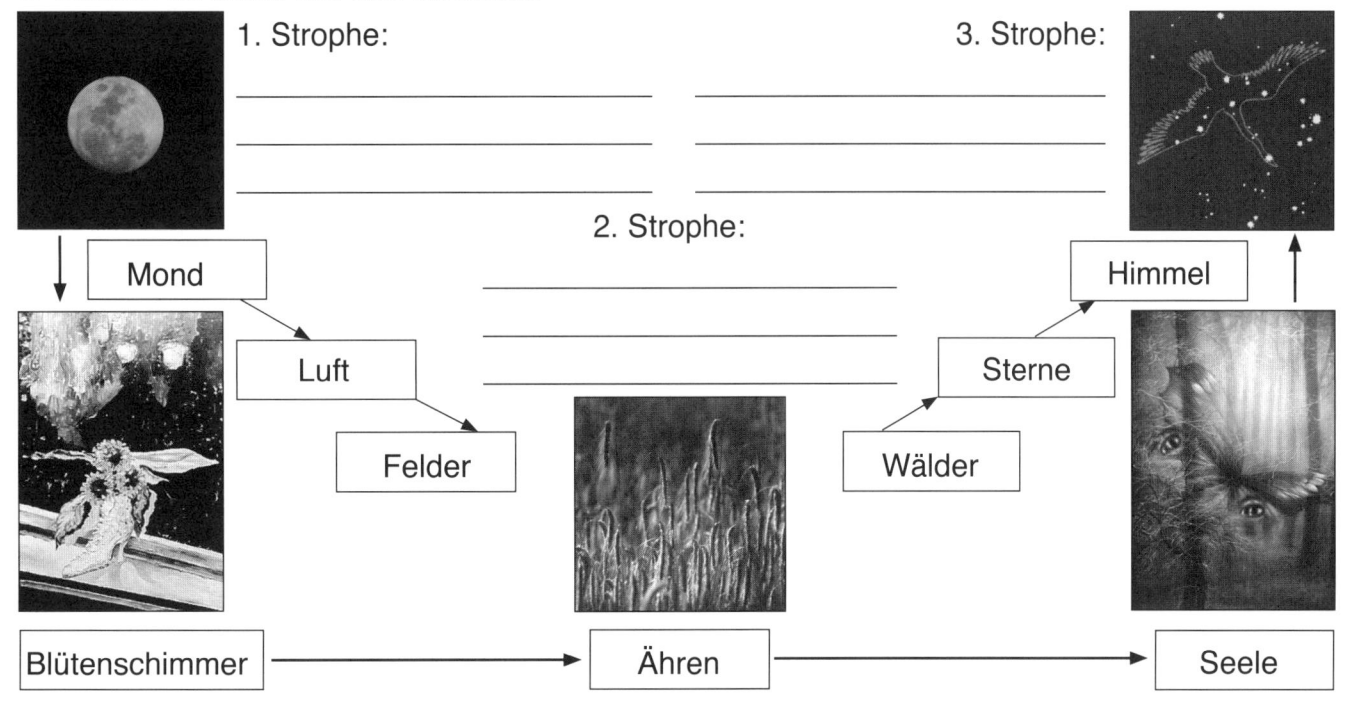

1. Strophe: _____

2. Strophe: _____

3. Strophe: _____

Mond → Luft → Felder → Blütenschimmer → Ähren → Wälder → Sterne → Himmel → Seele

❹ **Welche Aussage will Eichendorff mit seinem Gedicht treffen?**
_____
_____
_____

Arbeitsblatt/Folie 3

Lit | Lösung

Mondnacht
(Joseph von Eichendorff)

Es war, als hätt' der Himmel
die Erde still geküsst,
dass sie im Blütenschimmer
von ihm nun träumen müsst'.

Die Luft ging durch die Felder,
die Ähren wogten sacht,
es rauschten leis' die Wälder,
so sternklar war die Nacht.

Und meine Seele spannte
weit ihre Flügel aus,
flog durch die stillen Lande,
als flöge sie nach Haus.

Das Gedicht ist 1837 entstanden und thematisiert die Sehnsucht als zentrales Motiv romantischer Lyrik. Robert Schumann vertonte es im Jahr 1840 in seinem Liederkreis op. 39.

C. D. Friedrich: Zwei Männer, den Mond betrachtend (1819)

❶ Welche Form weist das Gedicht auf?

Das Gedicht besteht aus drei Strophen zu je vier Versen, die einem dreihebigen Jambus unterliegen (zwei Außenstrophen, eine Binnenstrophe). Im Kreuzreim gehalten, besteht jede Strophe aus einem Satz. Die Zeitstufe ist das Präteritum, wobei der Konjunktiv in der 1. und 3. Strophe auffällt.

❷ Wo kommen im Gedicht Alliterationen und unreine Reime vor?

Alliterationen (hätt – Himmel; Himmel – Haus; Seele – spannte; Flügel – flog – flöge)

Unreime Reime (Himmel – Schimmer; spannte – Lande)

❸ Welche Struktur hat das Gedicht?

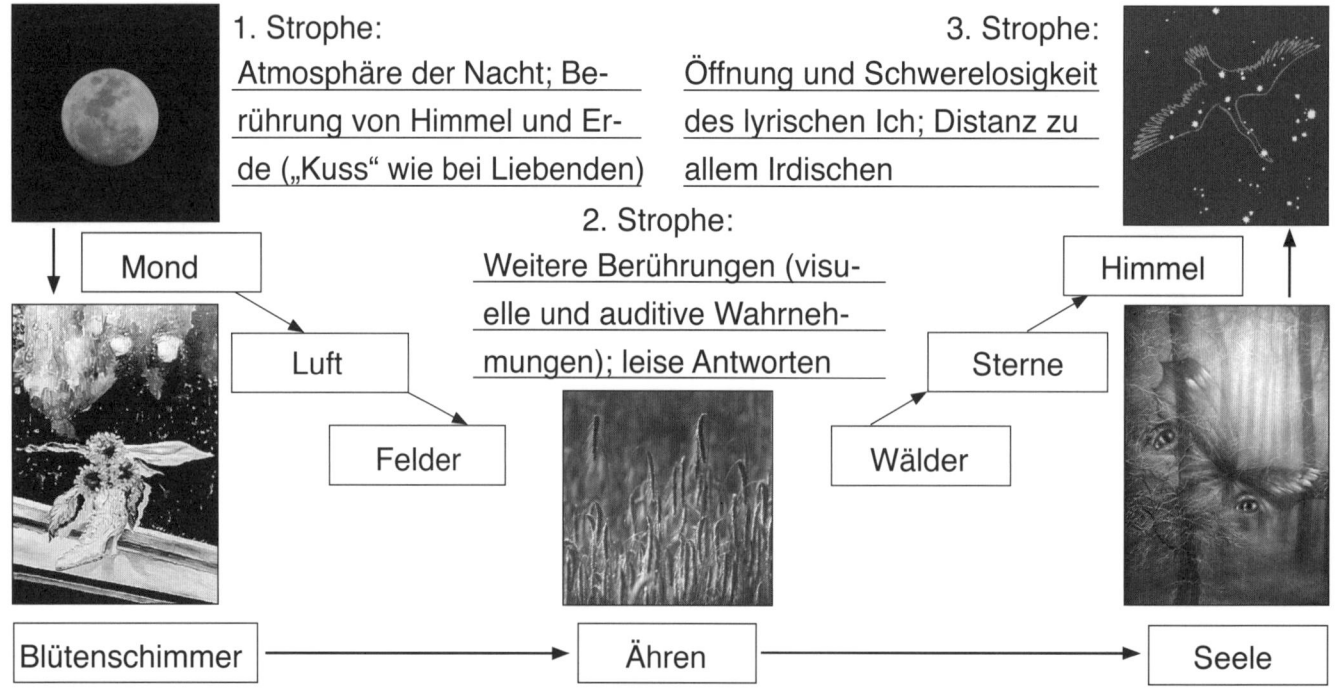

1. Strophe:
Atmosphäre der Nacht; Berührung von Himmel und Erde („Kuss" wie bei Liebenden)

2. Strophe:
Weitere Berührungen (visuelle und auditive Wahrnehmungen); leise Antworten

3. Strophe:
Öffnung und Schwerelosigkeit des lyrischen Ich; Distanz zu allem Irdischen

Mond → Luft → Felder

Sterne → Wälder

Himmel

Blütenschimmer → Ähren → Seele

❹ Welche Aussage will Eichendorff mit seinem Gedicht treffen?

Trotz wundervoller Mondnachtstimmung erinnert Eichendorff an den Tod. Das lyrische Ich hofft, eine Vereinigung seiner Seele mit Gott zu erleben, indem sie nach Haus (Himmel) einkehren darf. Bis dahin wird eine ungestillte Sehnsucht bleiben. Der Konjunktiv lässt das Ankommen zudem offen.

Rainer Maria Rilke: Der Panther

Lerninhalte:
- Kennenlernen des Inhaltes von Rilkes Gedicht „Der Panther"
- Fähigkeit, ein „verpurzeltes" Gedicht zu ordnen
- Kennenlernen des formalen Aufbaus
- Wissen um den Begriff des „Dinggedichts"
- Herausfinden und Erklären der Sprachbilder und Metaphern des Gedichts
- Herausfinden der Aussage des Verfassers
- Kennenlernen des Dichters

Arbeitsmittel / Medien:
- Arbeitsblatt
- Bild für die Tafel: Panther
- Folie 1: Gedicht „Der Panther"
- Folie 2: „Verpurzeltes" Gedicht „Der Panther"
- Folie 3: Definition „Dinggedicht"; Metaphern
- Folie 4: Lösungsblatt
- Folie 5: Kurzbiografie Rainer Maria Rilke

Folie 5

Rainer Maria Rilke

Am 4. Dezember 1875 wird Rainer (eigentlich René) Maria Rilke als Sohn des Eisenbahninspektors Josef Rilke und dessen Frau Phia (geb. Entz) in Prag geboren. Von 1886 bis 1891 absolviert er seine Militärschulzeit. Schon da beginnt Rilke zu schreiben. 1894 erscheint sein erster Gedichtband „Leben und Lieder". Nach dem Abitur 1895 beginnt er in Prag das Studium der Kunst- und Literaturgeschichte. Anschließend studiert er Philosophie an der Universität München, wo er die Bekanntschaft mit der Schriftstellerin Lou Andreas-Salomé (1861–1937) macht. 1897 folgt Rilke Andreas-Salomé nach Berlin. Er ändert seinen Vornamen René in Rainer. Rilke schreibt sich 1899 als Student der Kunstgeschichte an der Berliner Universität ein. Mit Andreas-Salomé bereist er in den nächsten zwei Jahren zweimal Russland. 1900 verbringt Rilke den Sommer in der Künstlerkolonie in Worpswede. Dort lernt er die Bildhauerin Clara Westhoff (1875–1954) und die Malerin Paula Modersohn-Becker kennen. 1901 trennt er sich von Andreas-Salomé und heiratet Westhoff. Das Ehepaar zieht nach Westerwede bei Worpswede, wo auch die einzige Tocher Ruth geboren wird. Mittellosigkeit zwingt Rilke zur Auflösung des Hausstandes und zur Übernahme monografischer Auftragsarbeiten. Er reist 1902 nach Paris, wo er den Bildhauer Auguste Rodin kennenlernt. Der „Panther", das erste der „Neuen Gedichte", entsteht. 1903 erscheint Rilkes Monografie über Rodin. Seine Bekanntschaft mit Rodin sowie seine Reisen nach Paris, Rom und Skandinavien verändern Rilkes poetische Produktionsweise zugunsten eines „sachlichen Sagens". Er nimmt das Philosophiestudium in Berlin wieder auf. 1906 ist Rilke für kurze Zeit Privatsekretär bei Rodin. Zur Erinnerung an die 1907 verstorbene Modersohn-Becker schreibt Rilke das „Requiem für eine Freundin". Auf Schloss Duino bei Triest schreibt Rilke die ersten Elegien und „Das Marien-Leben". Gemeinsam mit Andreas-Salomé nimmt er an einem psychologischen Kongress in München teil, wo er Sigmund Freud kennenlernt. Zu Beginn des Ersten Weltkriegs schreibt Rilke fünf „Kriegsgesänge". Seine anfängliche Kriegsbegeisterung weicht der Erschütterung. 1915 wird er wehrdiensttauglich geschrieben und in Böhmen eingesetzt, 1916 ins Kriegsarchiv nach Wien versetzt. Nach Kriegsende zieht Rilke wieder nach München. 1919 verlässt er Deutschland und wohnt an wechselnden Orten in der Schweiz. 1921 bezieht er das Schloss Muzot (Wallis). Die „Duineser Elegien" sowie „Die Sonette an Orpheus" erscheinen. Von 1924 bis 1926 hält sich Rilke häufig in den Sanatorien in Val-Mont bei Montreux und Bad Ragaz wegen einer Erkrankung an Leukämie auf. Am 29. Dezember 1926 stirbt Rainer Maria Rilke in Val-Mont. Postum erscheinen „Dichtungen des Michelangelo" sowie ein umfangreiches Briefwerk.

Verlaufsskizze

I. Hinführung

Stummer Impuls	Tafel (S. 49)	Bild: Panther
Aussprache		
Überleitung		L: 1902 hat Rainer Maria Rilke nach einem Besuch im Pariser Zoo Jardin ein Gedicht über einen Panther geschrieben, den er dort gesehen hat.
Zielangabe	Tafel	*Der Panther (Rainer Maria Rilke)*

II. Begegnung mit dem Gedicht

	Folie 1 (S. 51)	Gedicht: Der Panther
Lehrervortrag		
Schüler lesen mit		
Schüler lesen Gedicht		
		L: Was hat dich nach dem Lesen dieses Gedichts besonders beeindruckt?
Spontanäußerungen		

III. Arbeit am Gedicht

Aussprache	Tafel	L: Inhalt? In dem Gedicht geht es um einen Panther, der als ursprünglich wilde, kraftvolle Raubkatze in der Gefangenschaft (Käfig) zu einem apathischen Tier mit automatisiertem Bewegungsablauf verkümmert.
	Folie 2 (S. 50 oben)	„Verpurzeltes" Gedicht
Zuordnen durch Klasse		
Arbeitsaufgaben zur Gruppenarbeit		❶ Wie beschreibt Rilke den Panther? Vergleiche mit der Wirklichkeit. ❷ Welche Metaphern verwendet Rilke? ❸ Was ist ein Dinggedicht? ❹ Welche Form weist das Gedicht auf?
Zusammenfassung		
Kontrolle	Folie 3 (S. 50 unten)	zu ❷ und ❸
	Tafelbild	zu ❹ Form: Die drei Vierzeiler enthalten einen Kreuzreim, der stetig zwischen weiblicher und männlicher Endung wechselt. Auch der Rhythmus ist sehr gleichmäßig. Das Metrum ist ein fünffüßiger Jambus. L: Was will Rilke mit seinem Gedicht aussagen?
Aussprache	Tafelbild	Der Panther wird in drei Strophen von seiner äußeren Erscheinung (Blick, Gang, Auge) beschrieben, um sein Inneres zu erschließen. Das Bild des Panthers lässt sich auf einen vereinsamten, seelisch isolierten Menschen übertragen, der keine Kraft mehr hat, um die Wände seines „Käfigs" zu durchbrechen.

IV. Sicherung

Zusammenfassung	Arbeitsblatt (S. 51)	
Kontrolle Lösungsblatt	Folie 4 (S. 52)	
Abschließendes Lesen		

V. Ausweitung

	Folie 5 (S. 47 unten)	Kurzbiografie Rainer Maria Rilke
Erlesen mit Aussprache		

Bild für die Tafel

① **„Verpurzeltes" Gedicht: Der Panther (Rainer Maria Rilke)**

Bei der Gedichtversion unten sind die Verszeilen der drei Strophen durcheinandergeraten. Bringe sie in die richtige Reihenfolge.

> so müd geworden, dass er nichts mehr hält.
> geht durch der Glieder angespannte Stille –
> der sich im allerkleinsten Kreise dreht,
> in der betäubt ein großer Wille steht.
>
> Nur manchmal schiebt der Vorhang der Pupille
> und hört im Herzen auf zu sein.
> Ihm ist, als ob es tausend Stäbe gäbe
> Sein Blick ist vom Vorübergehn der Stäbe
>
> ist wie ein Tanz von Kraft um eine Mitte,
> Der weiche Gang geschmeidig starker Schritte,
> sich lautlos auf –. Dann geht ein Bild hinein,
> und hinter tausend Stäben keine Welt.

② **Definition „Dinggedicht":**

Das Dinggedicht gibt es erst seit der zweiten Hälfte des 19. Jahrhunderts. In ihm wird ein **Gegenstand** oder **Lebewesen** distanziert oder objektiviert erfasst und beschrieben. Das Gedicht hat den Anspruch, das Ding so darzustellen, als spräche es über sich selbst. Es soll das Innere und das Wesen des Gegenstandes ausdrücken. Der Begriff „Dinggedicht" wurde 1926 von dem Germanisten Kurt Oppert geprägt. Beim Dinggedicht tritt das lyrische Ich meist in den Hintergrund. Gleichzeitig wird versucht, den Gehalt des Gedichts symbolisch auszudeuten.

③ **Metaphern:**

- „Vorübergehn der Stäbe" ⇨ Die Stäbe sind personifiziert. Damit wird die Willenlosigkeit des Panthers verdeutlicht.
- „müde Blick", der „nichts mehr hält" ⇨ Die Metapher zeigt, wie eingeschränkt die Wahrnehmung des Panthers aufgrund der Gefangenschaft ist. Er kann das Gesehene nicht mehr verarbeiten.
- „tausend Stäbe" ⇨ Durch das ständige Gehen im Kreis summieren sich die Stäbe, die der Panther immer wieder sieht, zu einer ungeheuer großen Zahl.
- „keine Welt" ⇨ Der Panther hat in der Gefangenschaft nie erfahren können, welche Realität hinter den Stäben liegt.
- „weiche Gang" ⇨ Das ist die gebräuchliche Beschreibung für die elegante, geschmeidige Bewegung einer Raubkatze
- „Tanz von Kraft um eine Mitte, in der betäubt ein großer Wille steht" ⇨ Deutlich zeigt sich, dass noch immer viel Energie vorhanden ist, die aber durch das sinnlose Umherwandern im Kreis verschwendet wird. Es existiert kein Wille mehr, der die Kraft und Energie lenken könnte.
- „Vorhang der Pupille" ⇨ Gemeint ist das Augenlid des Panthers, das sich nur selten wie ein Vorhang aufschiebt, um Licht (= die Realität) „hereinzulassen".
- „geht ein Bild hinein" ⇨ Es zeigt sich, wie wenig die Außenwelt in das Innere des Panthers dringt, also wirklich seelisch wahrgenommen wird.
- „hört im Herzen auf zu sein" ⇨ Der Panther hört auf, eine Raubkatze zu sein. All seine Instinkte und typischen Verhaltensweisen eines Jägers sind durch die Gefangenschaft verschüttet.

Der Panther
(Rainer Maria Rilke)

Bei einem Besuch des Pariser Zoos Jardin des Plantes sieht Rainer Maria Rilke einen Panther, der ihn zu seinem Gedicht inspiriert, das dann am 6. November 1902 in Paris entstanden ist.

I   Sein Blick ist vom Vorübergehn der Stäbe
    so müd geworden, dass er nichts mehr hält.
    Ihm ist, als ob es tausend Stäbe gäbe
    und hinter tausend Stäben keine Welt.

II Der weiche Gang geschmeidig starker Schritte,
    der sich im allerkleinsten Kreise dreht,
    ist wie ein Tanz von Kraft um eine Mitte,
    in der betäubt ein großer Wille steht.

III Nur manchmal schiebt der Vorhang der Pupille
    sich lautlos auf –. Dann geht ein Bild hinein,
    geht durch der Glieder angespannte Stille –
    und hört im Herzen auf zu sein.

❶ Welche Eigenschaften zeichnen den Panther in Freiheit aus?

❷ Wie verhält sich der Panther in Gefangenschaft?

❸ Welche Tätigkeiten sind im Käfig sinnlos geworden?

❹ Welche Metaphern und Vergleiche verwendet Rilke?

❺ Das Gedicht ist ein „Dinggedicht". Was bedeutet das?

❼ Welche Aussage will Rilke mit seinem Gedicht treffen?

Lit | Lösung

Der Panther
(Rainer Maria Rilke)

Bei einem Besuch des Pariser Zoos Jardin des Plantes sieht Rainer Maria Rilke einen Panther, der ihn zu seinem Gedicht inspiriert, das dann am 6. November 1902 in Paris entstanden ist.

I   Sein Blick ist vom Vorübergehn der Stäbe
    so müd geworden, dass er nichts mehr hält.
    Ihm ist, als ob es tausend Stäbe gäbe
    und hinter tausend Stäben keine Welt.

II Der weiche Gang geschmeidig starker Schritte,
    der sich im allerkleinsten Kreise dreht,
    ist wie ein Tanz von Kraft um eine Mitte,
    in der betäubt ein großer Wille steht.

III Nur manchmal schiebt der Vorhang der Pupille
    sich lautlos auf –. Dann geht ein Bild hinein,
    geht durch der Glieder angespannte Stille –
    und hört im Herzen auf zu sein.

❶ **Welche Eigenschaften zeichnen den Panther in Freiheit aus?**
Fixieren der Beute, lautloses Anschleichen, geschmeidiges Gehen, kraftvolles Springen, müheloses Klettern

❷ **Wie verhält sich der Panther in Gefangenschaft?**
Zielloses hin- und herlaufen im Kreis, müder Blick, bleibt stehen, stumm, ratlos, betäubt, willenlos, angespannte Stille

❸ **Welche Tätigkeiten sind im Käfig sinnlos geworden?**
Kräftige und weite Sprünge, jagen, instinktives Verhalten, lauern, beobachten, schleichen

❹ **Welche Metaphern und Vergleiche verwendet Rilke?**
„Vorübergehn der Stäbe", „müde Blick", der „nichts mehr hält", „tausend Stäbe", „keine Welt", „weiche Gang", „Tanz von Kraft um eine Mitte, in der betäubt ein großer Wille steht", „Vorhang der Pupille", „geht ein Bild hinein", „hört im Herzen auf zu sein"

❺ **Das Gedicht ist ein „Dinggedicht". Was bedeutet das?**
Im Dinggedicht wird ein Gegenstand oder Lebewesen distanziert oder objektiviert erfasst und beschrieben. Es soll das Innere, das Wesen des Gegenstandes ausdrücken.

❼ **Welche Aussage will Rilke mit seinem Gedicht treffen?**
Der äußerlich zwar freie, innerlich aber gefangene Panther ruft Assoziationen mit dem Menschen hervor, der ebenfalls Zwängen unterliegt, die ihm einerseits von der Gesellschaft auferlegt sind, die er andererseits sich selber schafft. Rilke unterstreicht die Wichtigkeit der Individualität und der Freiheit jedes Lebewesens. In Gefangenschaft drohen innere Leere, Resignation, Apathie und Tod. Rilke kritisiert aber auch den Menschen, der störend in die Gesetzmäßigkeiten der Natur eingreift.

Georg Trakl: An die Verstummten

Lerninhalte:
- Kennenlernen des Inhaltes von Trakls Gedicht „An die Verstummten"
- Kennenlernen des formalen Aufbaus
- Herausfinden und Erklären der Metaphern, Symbole und Chiffren des Gedichts
- Herausfinden der Aussage des Verfassers
- Wissen um die Aktualität dieses Gedichts
- Kennenlernen des Dichters

Arbeitsmittel / Medien:
- Arbeitsblatt
- Bild für die Tafel: Arbeiterviertel in Manchester 1868
- Folie 1: Gedicht „An die Verstummten"
- Folie 2: Metaphern, Symbole und Chiffren
- Folie 3: Bilder: Gegensätze in Großstädten
- Folie 4: Lösungsblatt
- Folie 5: Kurzbiografie Georg Trakl

Folie 5

Georg Trakl

Er wird am 3. Februar 1887 als Sohn des Eisenhändlers Tobias Trakl und dessen Frau Maria Catharina (geb. Halik) im österreichischen Salzburg geboren. 1892 wird seine Schwester Margarete geboren. Die Geschwister verbindet eine tiefe, zum Teil inzestuöse Liebe, die bis zu Trakls Tod andauert. Die Beziehung ist prägend für sein schriftstellerisches Werk. Ab 1900 beginnt Trakl mit dem Schreiben von Gedichten. Etwas später macht er erste Drogenerfahrungen. Seinen Lehrern fällt er als menschenscheuer Schüler auf. 1905 wird Trakl nicht versetzt und verlässt die Schule mit der Mittleren Reife. Er absolviert eine Apothekerlehre. Nebenher widmet er sich weiter dem Schreiben. Von 1908 bis 1910 studiert Trakl Pharmazie in Wien. Daneben interessiert er sich für Literatur und Musik ebenso wie für Architektur und Malerei. Von 1910 bis 1914 entstehen Trakls bedeutendste Dichtungen. Er gilt heute als einer der außergewöhnlichsten österreichischen Lyriker und zählt neben Georg Heym (1887–1912), Ernst Stadler (1883–1914) und Franz Werfel (1890–1945) zu den wichtigsten deutschsprachigen Frühexpressionisten. 1912 ist er probeweise als Militärapotheker in Innsbruck tätig. Die Stelle ist eine von vielen, die er seit 1910 angetreten hat. Aber auch dieser Versuch, durch einen bürgerlichen Beruf Halt im Leben zu finden, scheitert. Trakl verfällt in der Folgezeit auch aufgrund seiner anhaltenden Drogenexzesse immer wieder in Depressionen, ist ständig in Geldnöten und auf die Hilfe von Freunden angewiesen. In der von seinem Freund und Gönner Ludwig von Ficker (1880–1967) herausgegebenen kulturpolitischen Monatsschrift „Der Brenner" erscheint das Gedicht „Vorstadt im Föhn". Nachdem er bereits zuvor vereinzelt Gedichte in Zeitschriften veröffentlicht hat, erscheinen alle zukünftigen lyrischen Werke zuerst im „Brenner". Er knüpft auch Kontakte zu Karl Kraus, der in der Zeitschrift „Die Fackel" ebenfalls Gedichte von ihm herausgibt. Außerdem unterhält Trakl Bekanntschaften mit Else Lasker-Schüler und Oskar Kokoschka. Zu Beginn des 1. Weltkrieges meldet sich Trakl als Freiwilliger und wird im August 1914 als Sanitätsoffizier an der Ostfront in Grodek (Ukraine) eingesetzt. Er erträgt jedoch die Gräuel des Kriegs nicht, erleidet einen Nervenzusammenbruch, unternimmt mehrere Selbstmordversuche und wird in das Lazarett Krakau eingeliefert, wo er auf seinen Geisteszustand hin untersucht wird. Während seines Lazarettaufenthalts schreibt er die Gedichte „Grodek", „Im Osten" und „Klage", die das Unheil des Kriegs widerspiegeln. Trakl befürchtet eine Anklage vor dem Kriegsgericht aufgrund seines Zusammenbruchs. Aus dieser Verzweiflung heraus tötet er sich am 3. November 1914 durch eine Überdosis Kokain selbst.

Verlaufsskizze

I. Hinführung

Stummer Impuls	Tafel (S. 56)	Bild: Arbeiterviertel in Manchester
Aussprache		
Überleitung		L: 1913 hat Georg Trakl ein Gedicht über diese Thematik geschrieben.
Zielangabe	Tafel	*An die Verstummten (Georg Trakl)*

II. Begegnung mit dem Gedicht

	Folie 1 (S. 57)	Gedicht: An die Verstummten
Lehrervortrag		
Schüler lesen mit		
Schüler lesen Gedicht		
		L: Worum geht es in diesem Gedicht?
Spontanäußerungen		

III. Arbeit am Gedicht

Aussprache

L: Inhalt?
In dem Gedicht wird eine Großstadt negativ beschrieben.

Arbeitsaufgaben zur Gruppenarbeit

❶ Wie beschreibt Trakl die Großstadt?
❷ Welche Metaphern, Symbole und Chiffren verwendet Trakl?
❸ Wen meint Trakl mit seiner Überschrift?
❹ Welche Form weist das Gedicht auf?

Zusammenfassung
Gruppenberichte

zu ❶ Düster, lebensfeindlich, inhuman, anonym, bedrohlich, hoffnungslos, kalt.

Folie 2 (S. 55 oben)
Eintrag Block

zu ❷ Metaphern, Symbole und Chiffren
• Wahnsinn • schwarze Mauern • verkrüppelte Bäume • silberne Maske • der Geist des Bösen • magnetische Geißel • steinerne Nacht • Hure • in eisigen Schauern • purpurne Seuche • grüne Augen • das grässliche Lachen des Goldes • dunkle Höhle • harte Metalle • das erlösende Haupt

zu ❸ Anonyme, ausgebeutete, willenlose („stummere") Menschheit ⇨ Appell Trakls zur Gegenwehr.

zu ❹ Form: Verzicht auf Metrum und Reim, unterschiedliche Strophenlängen, unvollständige Sätze.

L: Was will Trakl mit seinem Gedicht aussagen? Ist die Thematik auch heute noch aktuell?

Aussprache
Stummer Impuls   Folie 3 (S. 55 unten)   Gegensätze in Großstädten
Aussprache

IV. Sicherung

Zusammenfassung	Arbeitsblatt (S. 57)	
Kontrolle Lösungsblatt	Folie 4 (S. 58)	
Abschließendes Lesen		

V. Vertiefung

	Folie 5 (S. 53 unten)	Kurzbiografie Georg Trakl
Erlesen mit Aussprache		
Hausaufgabe	Internet/Lexikon	Expressionismus

Metaphern, Symbole und Chiffren

- Wahnsinn = alle negativen Aspekte und erschreckenden Missstände der Stadt
- schwarze Mauern = verdreckte Häuser; auch Anonymität und Kälte der Stadt
- verkrüppelte Bäume = zerstörte Natur; auch abgearbeitete, ausgebeutete Menschen
- silberne Maske = metallene und gläserne Fronten von Hochhäusern, die etwas verbergen
- der Geist des Bösen = Materialismus und Kapitalismus, der die Arbeiter ausbeutet
- magnetische Geißel = Lichtquellen; auch Nachtleben, das starke Anziehungskraft ausübt
- steinerne Nacht = Nacht, die schwer und bedrohlich auf den Seelen der Menschen lastet
- Hure = zerstörte Familien; auch die Stadt („Hure Babylon") mit dem Zerfall moralischer Werte
- in eisigen Schauern = Gefühlskälte und Seelenlosigkeit der Stadt
- purpurne Seuche = krankhafte Gier nach Fortschritt und Geld („purpur" als Chiffre für „reich")
- grüne Augen = Hoffnung der Stadtbevölkerung („grün" als Symbol für „Hoffnung")
- das grässliche Lachen des Goldes = bösartige, menschenverachtende Profitgier der Reichen
- dunkle Höhle = große, düstere Fabrikhallen; auch enge, menschenunwürdige Wohnungen
- harte Metalle = Waffen, in Andeutung auf den kommenden Krieg (Erster Weltkrieg)
- das erlösende Haupt = Hoffnung auf Zerstörung der bestehenden, ungerechten Welt

Sydney

Slum in Manila

Arbeiterviertel in Manchester 1868

An die Verstummten
(Georg Trakl)

1 O, der Wahnsinn der großen Stadt, da am Abend
2 An schwarzer Mauer verkrüppelte Bäume starren,
3 Aus silberner Maske der Geist des Bösen schaut;
4 Licht mit magnetischer Geißel die steinerne Nacht verdrängt.
5 O, das versunkene Läuten der Abendglocken.

6 Hure, die in eisigen Schauern ein totes Kindlein gebärt.
7 Rasend peitscht Gottes Zorn die Stirne der Besessenen,
8 Purpurne Seuche, Hunger, der grüne Augen zerbricht.
9 O, das grässliche Lachen des Golds.

10 Aber stille blutet in dunkler Höhle stummere Menschheit,
11 Fügt aus harten Metallen das erlösende Haupt.

Georg Grosz: Metropolis (1917)

❶ Wie beschreibt Trakl die Stadt?

❷ Wie empfindet das lyrische Ich die Stadt?

❸ Wer sind die „Verstummten"?

❹ Welche Aussage will Trakl mit seinem Gedicht treffen? Aktualitätsbezug?

❺ Welche formalen und sprachlichen Mittel verwendet Trakl in seinem Gedicht?

Hugo Krayn: Großstadt (1914)

Lit | Lösung

An die Verstummten
(Georg Trakl)

1 O, der Wahnsinn der großen Stadt, da am Abend
2 An schwarzer Mauer verkrüppelte Bäume starren,
3 Aus silberner Maske der Geist des Bösen schaut;
4 Licht mit magnetischer Geißel die steinerne Nacht verdrängt.
5 O, das versunkene Läuten der Abendglocken.

6 Hure, die in eisigen Schauern ein totes Kindlein gebärt.
7 Rasend peitscht Gottes Zorn die Stirne der Besessenen,
8 Purpurne Seuche, Hunger, der grüne Augen zerbricht.
9 O, das grässliche Lachen des Golds.

10 Aber stille blutet in dunkler Höhle stummere Menschheit,
11 Fügt aus harten Metallen das erlösende Haupt.

Georg Grosz: Metropolis (1917)

❶ Wie beschreibt Trakl die Stadt?
Trakl stellt die Stadt in krassem Gegensatz zur Idylle des Landlebens als düsteren, lebensfeindlichen, inhumanen, anonymen, bedrohlichen, hoffnungslosen und kalten Ort dar.

❷ Wie empfindet das lyrische Ich die Stadt?
Die große, helle Stadt wird als lebensfeindlich und böse wahrgenommen. Das Läuten der Abendglocken stellt nur noch eine Erinnerung an vergangene, glückliche Zeiten dar. In Chiffren drücken sich Wahnsinn, Anonymität, Brutalität und Profitgier aus. Im Verborgenen leiden verstummte Menschen, die einen Rest Humanität bewahrt haben und auf Veränderung und Erlösung hoffen.

❸ Wer sind die „Verstummten"?
Trakl meint damit die anonyme, ausgebeutete, willenlose („stummere") Menschheit.

❹ Welche Aussage will Trakl mit seinem Gedicht treffen? Aktualitätsbezug?
Trakl beschreibt den Wahnsinn und das düstere, beängstigende Szenario der Großstadt. Er richtet seinen Aufruf an die in der Anonymität untergegangen und verstummten Menschen, die Verlierer, die Unterdrückten der Gesellschaft und hofft auf eine gewaltsame Veränderung der Verhältnisse. Auch heute regieren in den Großstädten der Welt Geld, Drogen, Kriminalität und Gewalt. Eine Lösung ist kaum möglich, da die staatlichen, städtischen, kirchlichen und privaten Initiativen nicht ausreichen, um die Ursachen des Problems zu beseitigen.

❺ Welche formalen und sprachlichen Mittel verwendet Trakl in seinem Gedicht?
Das Gedicht hat drei Strophen mit abnehmender Verszahl, wobei auf Reimschema verzichtet wird. Das Metrum ist ein Alexandriner. Drei Interjektionen („O") fallen auf, ebenso viele unvollständige Sätze. Der Autor verwendet zahlreiche Chiffren, wie z. B. „silberne Maske" (metallene und gläserne Fronten von Hochhäusern, die etwas verbergen), „Hure" (die Stadt mit dem Zerfall moralischer Werte), „purpurne Seuche" (krankhafte Gier nach Geld).

Hugo Krayn: Großstadt (1914)

Christine Busta: Chronik

Lerninhalte:
- Kennenlernen des Inhalts des Gedichts von Christine Busta
- Herausfinden der formalen und sprachlichen Merkmale
- Kennenlernen des Bildes „Die Kreuztragung Christi" von Pieter Bruegel dem Älteren
- Kennenlernen einer kurzen Beschreibung des Bildes „Die Kreuztragung Christi"
- Wissen um die Aussageintention der Verfasserin
- Kennenlernen der Dichterin

Arbeitsmittel / Medien:
- Arbeitsblatt
- Textblatt
- Folie 1: Hieronymus Bosch (~1450–1516): Die Kreuztragung (1480/1490)
  Pieter Bruegel: Die Kreuztragung Christi (1564)
- Folie 2: Bildbeschreibung „Die Kreuztragung Christi"
- Folie 3: Lösungsblatt
- Folie 4: Kurzbiografie Christine Busta

Folie 4

Christine Busta

Christine Busta wurde am 23. April 1915 in Wien als uneheliches Kind einer jungen alleinstehenden Mutter ohne erlernten Beruf geboren. Früh machte sie die Erfahrungen eines harten Existenzkampfes und des Einsamseins in der kärglichen Wohnung. Franz Peter Künzel, der ihr persönlich nahestand, berichtet: „Ihre Erinnerung an Kindheit und Jugend ist Erinnerung an peinigende, peinliche Kargheit." Diese Erfahrungen spiegeln sich im herben Grundton ihrer Lyrik, aber auch in ihrem Mitgefühl für die Bedürftigen, Geschlagenen und Ausgeschlossenen. Von 1929 an war ihre Mutter arbeitslos. 1933 belegte Christine Busta einige Semester Anglistik und auch Germanistik an der Wiener Universität. Sie brach ihr Studium wegen eines Nervenzusammenbruchs ab. 1940 heiratete sie den Musiker Maximilian Dimt. Sie verlor ihren Mann im Zweiten Weltkrieg. Nach dem Krieg versuchte sie sich in verschiedenen Berufen, um sich ihren Lebensunterhalt zu sichern. Während des Krieges war sie Hilfslehrerin, danach Dolmetscherin und Leiterin eines Hotels für englische Besatzungmitglieder. Nach 1950 arbeitete sie als Bibliothekarin im Dienst der Städtischen Büchereien in Wien. Christine Busta versorgte weiterhin ihre Mutter, bis diese 1974 starb. 1983 ging die Autorin in Pension. Sie erhielt den Georg-Trakl-Preis (1954), den Meerseburger Droste-Preis (1963), den Großen Österreichischen Staatspreis (1969), den Anton-Wildgans-Preis und das Österreichische Ehrenzeichen für Wissenschaft und Kunst (1981). Christine Busta starb am 3. Dezember 1987 in Wien.

Folie 2

Die Kreuztragung Christi

Dieses Werk ist 1564 entstanden und bildet die Vorlage zum Gedicht „Chronik". So wie Christine Busta sich nicht scheut, Bruegels Bild auf unsere „Welt voll Alarm" zu beziehen, so wagt es auch Bruegel, die Passion Christi anachronistisch in die Vorstellungswelt seiner Zeit zu übertragen. Die roten Kavalleristen sind die wallonischen Reiter in spanischen Diensten. Die sensationshungrige Menge – Spaziergänger, Tagediebe, Händler, Kinder – begleitet den Verurteilten. Ein dichter Wall von Menschen hat sich an der Richtstätte auf der Höhe des Galgenbergs schon gute Plätze gesichert, um alles sehen zu können. Im Vordergrund rechts Maria und die Freunde Jesu, die als einzige wissen, was wirklich geschieht, entsetzt sind und trauern. Einsam und klein, im Schnittpunkt der Bilddiagonalen, bricht Christus unter dem Kreuz zusammen. (nach Jörg Ehni)

Verlaufsskizze

I. Hinführung

Impuls		L: Zu dieser Thematik gibt es eine Vielzahl an Gemälden.
Stummer Impuls	Folie 1 (S. 61)	Die Kreuztragung (Hieronymus Bosch)
		Die Kreuztragung Christi (Pieter Bruegel)
Aussprache		
Überleitung		L: Kennenlernen eines schwierigen Gedichts, das dieses Thema zum Inhalt hat.
Zielangabe	Tafel	*Chronik (Christine Busta)*

II. Begegnung mit dem Gedicht

Impuls		L: Christine Busta beschreibt ein Gemälde von Pieter Bruegel, das dieser 1564 malte.
	Tafel Bild (S. 62)	
	Folie 1 (S. 61)	Die Kreuztragung Christi (Pieter Bruegel)
Bildbetrachtung		
Erlesen mit Aussprache	Folie 2 (S. 59 unten)	Bildbeschreibung: Die Kreuztragung Christi
	Textblatt (S. 61)	
Lehrervortrag	Folie 1 (S. 61)	Gedicht: Chronik
Schüler lesen mit Spontanäußerungen		

III. Arbeit am Gedicht

Schüler lesen Gedicht nochmals		
Schrittweises Erlesen mit Leitfragen		L: Was wird in jeder Strophe berichtet?
Leitfragen		L: Im Gedicht sind starke Gegensätze zu finden. Welche?
		Welche Bedeutung hat der Begriff „Chronik" für die Autorin?
Aussprache		
Zusammenfassung		L: Ein historisches Ereignis wird in vier verschiedene Zeitabschnitte projiziert. Das Böse ist dabei permanent wirksam.
	Tafelanschrift	Kreuztragung Jesu / Glaubenskriege / Atombombe / Terroraktionen
Aussprache		
Aussprache	Tafelanschrift	L: Wo zeigt sich im Gedicht Hoffnung?
		Symbole der Hoffnung sind Distel und Dornen, die „alten Zeichen des Fluchs" (1. Mose 3, 18).
		L: Welche Aussage will Christine Busta treffen?
Aussprache		
Ergebnis	Tafelanschrift	Der Leser soll diejenigen erkennen und verurteilen, die Befehle nur blind ausführen oder gaffend dabei sind. Die Autorin fordert kritische Menschen, die sich gegen das Ungerechte und Böse wehren.

IV. Sicherung

Zusammenfassung	Arbeitsblatt (S. 63)	
Kontrolle Lösungsblatt	Folie 3 (S. 64)	
Schüler lesen das Gedicht		Sinngestaltendes Lesen
Impuls		L: Betrachte die Sprache des Gedichts.
Aussprache		
Impuls		L: Vergleiche die Gestaltungsmöglichkeiten eines Malers und eines Dichters miteinander.
Aussprache		
	Folie 4 (S. 59 Mitte)	Kurzbiografie Christine Busta
Erlesen mit Aussprache		

Chronik
(Christine Busta)

I   Auch fünfzehnhundertundvierundsechzig,
    als Pieter Bruegel die Kreuztragung malte,
    war die Welt voll Alarm.
    Es wuchs kein Atompilz aus den Städten,
    die Windmühlen schaufelten unbekümmert
    paradiesische Luft den Wäldern,
    aber die Menschen gärten voll Unheil.

II Rote Röcke berittener Schergen
    flackerten durch die stille Landschaft,
    unersättliche Gier nach Spektakel
    trieb das Volk zum zertrampelten Hügel,
    dürr bewachsen mit schwanken Hainen
    knarrender Rad- und Galgenbäume.

III Mitten im ärgsten Tumult brach einer
    lautlos nieder. Der durfte zur Richtstatt
    nicht einmal mit den Schächern fahren,
    denn er war anders. Und nur eine Gruppe
    abgewandter Losgelöster
    aus der bösen Bewegung wusste,
    was wirklich geschah, und trauerte menschlich.

IV Als fünfzehnhundertundvierundsechzig
    Pieter Bruegel die Kreuztragung malte,
    malte er nicht nur das Entsetzen.
    Er wusste, die Welt war schön und schrecklich,
    und malte ganz vorn ins Bild ihr die alten
    Zeichen des Fluchs als ergreifendes Wunder:
    links die Zartheit der Dornenranke,
    rechts die Stärke der blassen Distel.

Hieronymus Bosch (~1450–1516):
Die Kreuztragung (um 1480/1490)

Pieter Bruegel d. Ä. (um 1525–1569):
Die Kreuztragung Christi (1564)

Pieter Bruegel d. Ä. (um 1525–1569): Die Kreuztragung Christi (1564)

Arbeitsblatt

Lit Name: _____ Datum: _____

Chronik
(Christine Busta)

Christine Busta schrieb dieses Gedicht 1958 und bezieht sich dabei auf ein 1564 entstandenes Gemälde des Holländers Pieter Bruegel dem Älteren, der von 1525 bis 1569 gelebt hat.

❶ **Worum geht es in den einzelnen Strophen? Beschreibe kurz in Stichpunkten.**

- 1. Strophe: _____
- 2. Strophe: _____
- 3. Strophe: _____
- 4. Strophe: _____

❷ **Warum wählt Christine Busta gerade diesen Titel für ihr Gedicht?**

_____
_____
_____

❸ **Das Gedicht lebt von Gegensätzen. Ergänze sinnvoll.**

negativ		positiv
• Welt voll Alarm	↔	_____
• Menschen gärten voll Unheil	↔	_____
• _____	↔	stille Landschaft
• unersättliche Gier nach Spektakel	↔	_____
• _____	↔	Haine
• ärgster Tumult	↔	_____
• _____	↔	menschlich trauern
• schreckliche Welt	↔	_____
• _____	↔	ergreifendes Wunder
• Stärke der blassen Distel	↔	_____

❹ **Das Gedicht hat vier Zeitebenen? Ordne diesen zeitlichen Ebenen die passenden Ereignisse mit ihren Personen zu. Verbinde richtig.**

- 1. Jahrhundert   Atomares Zeitalter   Leser
- 16. Jahrhundert   Globaler Terrorismus   Pieter Bruegel
- 20. Jahrhundert   Kreuzigung Christi   Christine Busta
- 21. Jahrhundert   Konfessionskriege   Maria und die Jünger Jesu

❺ **Welche Aussage steckt in diesem Gedicht?**

_____
_____
_____
_____
_____
_____

Chronik
(Christine Busta)

Christine Busta schrieb dieses Gedicht 1958 und bezieht sich dabei auf ein 1564 entstandenes Gemälde des Holländers Pieter Bruegel dem Älteren, der von 1525 bis 1569 gelebt hat.

❶ Worum geht es in den einzelnen Strophen? Beschreibe kurz in Stichpunkten.
- 1. Strophe: Rahmenfunktion; im 16. Jahrhundert herrscht Gewalt trotz idyllischer Natur
- 2. Strophe: Neugieriges Volk und berittene Soldaten auf dem Weg zum Hügel Golgatha
- 3. Strophe: Lautloses Niederbrechen von Christus im Tumult; Trauer von Maria und den Jüngern
- 4. Strophe: Rahmenfunktion; Reflexion über die Gegensätzlichkeit der Welt; Wunder der Hoffnung

❷ Warum wählt Christine Busta gerade diesen Titel für ihr Gedicht?
Eine „Chronik" ist eine Aufzeichnung geschichtlicher Vorgänge in der Reihenfolge ihres Geschehens. Für die Autorin zieht sich die Permanenz des Bösen chronologisch durch die ganze Menschheitsgeschichte, wobei die vier ausgewählten Beispiele auch durch andere ersetzt werden könnten.

❸ Das Gedicht lebt von Gegensätzen. Ergänze sinnvoll.

negativ		positiv
Welt voll Alarm	↔	„unbekümmerte" Windmühlen
Menschen gärten voll Unheil	↔	paradiesische Luft
berittene Schergen	↔	stille Landschaft
unersättliche Gier nach Spektakel	↔	zertrampelter Hügel
knarrende Rad- und Galgenbäume	↔	Haine
ärgster Tumult	↔	lautloses Niederbrechen von Jesus
böse Bewegung	↔	menschlich trauern
schreckliche Welt	↔	schöne Welt
Zeichen des Fluchs	↔	ergreifendes Wunder
Stärke der blassen Distel	↔	Zartheit der Dornenranke

❹ Das Gedicht hat vier Zeitebenen? Ordne diesen zeitlichen Ebenen die passenden Ereignisse mit ihren Personen zu. Verbinde richtig.

- 1. Jahrhundert — Kreuzigung Christi — Maria und die Jünger Jesu
- 16. Jahrhundert — Konfessionskriege — Pieter Bruegel
- 20. Jahrhundert — Atomares Zeitalter — Christine Busta
- 21. Jahrhundert — Globaler Terrorismus — Leser

❺ Welche Aussage steckt in diesem Gedicht?
Christine Busta verweist in ihrem Gedicht auf Gewalt und Ungerechtigkeit, auf die permanente Wirksamkeit des Bösen zu allen Zeiten. Zwischen Kreuzigung und Atompilz liegen 2000 Jahre, in denen sich vom Humanen her nichts geändert hat. Nur im Bewusstwerden der Erlösungstat Christi besteht noch Hoffnung für die verrohte Menschheit. Man darf nicht unwissend gegenüber „bösen Bewegungen" bleiben oder sogar bei diesen mitwirken, sondern muss sich bewusst und deutlich davon distanzieren und Widerstand leisten.

Bertolt Brecht: Fragen eines lesenden Arbeiters

Lerninhalte:

- Kennenlernen des Inhalts des Gedichts von Bertolt Brecht
- Wissen um die Personen und Ereignisse, die in dem Gedicht angesprochen werden
- Erkennen des argumentativen Aufbaus des Gedichts
- Wissen um die Aussageintention des Verfassers, dass Geschichte von „unten" als Geschichte der Betroffenen und Leidenden zu begreifen ist
- Erkennen der Funktionen und Intentionen politischer Lyrik
- Kennenlernen des Dichters

Arbeitsmittel / Medien:
- Arbeitsblatt
- Textblatt
- Folie 1: Bilder: Vier berühmte Persönlichkeiten
- Folie 2: Gedicht „Fragen eines lesenden Arbeiters"
- Folie 3: Bilder: Geschichte von „oben" (berühmte Weltreiche / berühmte Herrscher)
- Folie 4: Informationsblatt (berühmte historische Stätten und Persönlichkeiten)
- Folie 5: Lösungsblatt
- Folie 6: Kurzbiografie Bertolt Brecht

Folie 1

(Namen siehe S. 69)

Verlaufsskizze

I. Hinführung

Stummer Impuls	Folie 1 (S. 65 unten)	Bilder: Vier berühmte Persönlichkeiten
Aussprache		
Überleitung		L: Kennenlernen eines Gedichts, in dem diese vier Personen vorkommen.
Zielangabe	Tafel	*Fragen eines lesenden Arbeiters (Bertolt Brecht)*

II. Begegnung mit dem Gedicht

Lehrervortrag	Folie 2 (S. 67 oben)	Gedicht: Fragen eines lesenden Arbeiters
Schüler lesen mit Spontanäußerungen		

III. Arbeit am Gedicht

Schüler lesen Gedicht nochmals	Textblatt (S. 67 oben)	
Impuls		L: Im Text kommen viele historische Stätten bzw. Ereignisse und vier berühmte Persönlichkeiten vor. Unterstreiche mit Bleistift.
Partnerarbeit		
Aussprache		
Impuls		L: Ordne dem Unterstrichenen die richtigen Bilder zu.
Zusammenfassung	Folie 3 (S. 68) Informationsblatt Folie 4 (S. 69)	Berühmte historische Stätten/berühmte historische Persönlichkeiten
Zusammenfassendes Lesen		
Leitfragen		L: Warum wählt Brecht gerade einen lesenden Arbeiter als Fragenden? Wie wirken die Fragen des Arbeiters? Warum gibt die Geschichte keine Antwort auf die Fragen des Arbeiters?
Aussprache		
Leitfrage	Textblatt (S. 67 unten)	L: Beschreibe die sechs Bilder auf deinem Textblatt unten. In welcher Beziehung stehen sie zur Aussage des Gedichts?
Aussprache		
Ergebnis		Der „kleine Mann" (Sklave, Soldat, Arbeiter, Koch etc.) leistet das Entscheidende.
Leitfrage		L: Ist die von Brecht beschriebene Intention heute überholt? Wie sieht die Berichterstattung heute über wichtige Ereignisse aus?
Aussprache		

IV. Sicherung

Zusammenfassung	Arbeitsblatt (S. 71)	
Kontrolle Lösungsblatt	Folie 5 (S. 72)	
Schüler lesen das Gedicht		Sinngestaltendes Lesen
Impuls		L: Betrachte die Sprache des Gedichts.
Aussprache		

V. Ausweitung

	Folie 6 (S. 70)	Kurzbiografie Bertolt Brecht
Erlesen mit Aussprache		

Fragen eines lesenden Arbeiters
(Bertolt Brecht)

1 Wer baute das siebentorige Theben?
2 In den Büchern stehen die Namen von Königen.
3 Haben die Könige die Felsbrocken herbeigeschleppt?
4 Und das mehrmals zerstörte Babylon –
5 Wer baute es so viele Male auf? In welchen Häusern
6 Des goldstrahlenden Lima wohnten die Bauleute?
7 Wohin gingen an dem Abend, wo die chinesische Mauer fertig war,
8 Die Maurer? Das große Rom
9 Ist voll von Triumphbögen. Wer errichtete sie? Über wen
10 Triumphierten die Cäsaren? Hatte das vielbesungene Byzanz
11 Nur Paläste für seine Bewohner? Selbst in dem sagenhaften Atlantis
12 Brüllten in der Nacht, wo das Meer es verschlang,
13 Die Ersaufenden nach ihren Sklaven.

14 Der junge Alexander eroberte Indien.
15 Er allein?
16 Cäsar schlug die Gallier.
17 Hatte er nicht wenigstens einen Koch bei sich?
18 Philipp von Spanien weinte, als seine Flotte
19 Untergegangen war. Weinte sonst niemand?
20 Friedrich der Zweite siegte im Siebenjährigen Krieg. Wer
21 Siegte außer ihm?

22 Jede Seite ein Sieg.
23 Wer kochte den Siegesschmaus?
24 Alle zehn Jahre ein großer Mann.
25 Wer bezahlte die Spesen?

26 So viele Berichte.
27 So viele Fragen.

Geschichte von „oben"

Ordne die im Gedicht angesprochenen historischen Stätten und Personen richtig den Bildern zu.

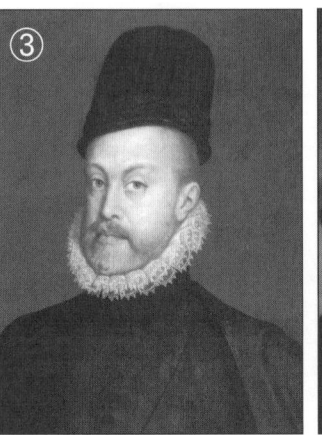

Berühmte historische Stätten

❶ Theben:
Nach Homer (Ilias, 9. Buch) war das „hunderttorige" Theben der einstige Mittelpunkt des Pharaonenreiches. Nach anderen Berichten soll es sieben Tore besessen haben. Heute befindet sich in Theben-Ost eines der touristischen Zentren Ägyptens.

❷ Babylon:
Babylon war die Hauptstadt des babylonischen Reiches und lag am Euphrat, etwa 90 km südlich Bagdads im heutigen Irak. Erstmals erwähnt wurde die Stadt Ende des 3. Jahrtausends. Trotz mehrfacher Zerstörung durch die Assyrer im 7. Jahrhundert vor Christus wurde Babylon immer wieder neu aufgebaut. Die Ruinen der heutigen Stadt wurden erst Anfang des 20. Jahrhunderts teilweise freigelegt.

❸ Lima:
Lima ist die heutige Hauptstadt von Peru mit rund 6,5 Millionen Einwohnern. Der Name kommt von „limaq" und bedeutet „gelbe Blume". 1535 wurde die Stadt von Francisco Pizarro, dem Anführer der spanischen Konquistadoren, gegründet und war danach Sitz des spanischen Vizekönigs.
Eine der am besten erhaltenen Städte der Inka war Machu Picchu (Bild S. 68 ❸) in 2360 m Höhe, die aufgrund ihrer Lage von den spanischen Eroberern 1532 nicht entdeckt wurde.

❹ Chinesische Mauer:
Sie ist eine historische Grenzbefestigung, die das chinesische Kaiserreich vor feindlichen Nomadenstämmen aus dem Norden schützen sollte. Sie ist mit rund 6700 km Länge hinsichtlich Volumen und Masse das größte Bauwerk der Welt. Größere Teile wurden 214 vor Christus auf Veranlassung des chinesischen Kaisers Qin Shihuangdi gebaut.

❺ Rom:
Heute ist das am Tiber gelegene Rom die größte Stadt Italiens mit rund 2,7 Millionen Einwohnern. Gegründet wurde Rom der Sage nach am 21. April 753 vor Christus von Romulus. In dem folgenden Jahrhundert wurde Rom aufgrund einer regen Bautätigkeit zum Mittelpunkt des Römischen Weltreiches. Zahlreiche Triumphbögen in Rom zeugen noch heute von der Macht der römischen Kaiser (Cäsaren).

❻ Byzanz:
Byzantion wurde um 660 v. Chr. gegründet und lag am südwestlichen Ausgang des Bosporus. Von 326 bis 330 wurde Byzantion vom römischen Kaiser Konstantin I. als neue Hauptstadt Konstantinopel (heute Istanbul) umgebaut und war Zentrum des ehemaligen oströmischen Reiches.

❼ Atlantis:
Atlantis soll ein mythisches Inselreich gewesen sein, das der griechische Philosoph Platon als erster erwähnte und beschrieb. Nach einem gescheiterten Angriff auf Athen soll Atlantis um 1800 v. Chr. in Folge einer Naturkatastrophe innerhalb eines einzigen Tages untergegangen sein.

Berühmte historische Persönlichkeiten

① Alexander (der Große):
Alexander III. (356–323 v. Chr.) war ein makedonischer König. Er dehnte die Grenzen des hellenistischen Reiches bis nach Indien und Ägypten aus.

② Cäsar:
Gaius Julius Caesar (100–44 v. Chr.) war ein römischer Staatsmann, Feldherr und Autor. Er eroberte Gallien (das heutige Frankreich) für das Römische Reich.

③ Philipp II. von Spanien:
Philipp II. (1527–1598), König von Spanien, versuchte 1588 mit der Spanischen Armada (130 Schiffe, 27000 Soldaten) England anzugreifen und verlor dabei die Hälfte seiner Flotte (64 Schiffe, 12000 Soldaten) vor allem aufgrund falscher Taktik und gewaltiger Stürme.

④ Friedrich II. von Preußen:
Friedrich der Große (1712–1786), der „Alte Fritz", setzte sich im Siebenjährigen Krieg (1756–1763) gegen Russland, Frankreich und Österreich trotz schwerer Verluste durch und begründete damit die Großmachtstellung Preußens auf dem Kontinent.

Bertolt Brecht

Eugen Berthold Friedrich Brecht wurde am 10. Februar 1898 in Augsburg als Sohn des Papierfabrikdirektors Berthold Friedrich Brecht geboren. Von 1908 bis 1917 besuchte er das noch heute bestehende Peutinger-Realgymnasium in Augsburg, welches er mit dem Notabitur abschloss. Danach studierte er Literatur und Medizin in München. 1918 wurde er zum Militär eingezogen und arbeitete als Sanitäter in einem Lazarett in Augsburg. Dort lernte er Paula Banholzer kennen, die 1919 seinen Sohn Frank zur Welt brachte. 1922 heiratete er die Schauspielerin und Opernsängerin Marianne Zoff und siedelte 1924 nach Berlin über. Dort besuchte er die marxistische Arbeiterschule und widmete sich dem Studium des Marxismus. Aus der Ehe ging eine Tochter hervor. 1929 heiratete er Helene Weigel. Im gleichen Jahr kam Tochter Barbara zur Welt. 1933 floh er vor den Nationalsozialisten und lebte in den nächsten zehn Jahren in der Tschechei, in Österreich, der Schweiz, Frankreich, Dänemark Schweden, Finnland und Russland, ehe er 1943 in die USA emigrierte. Nach dem Krieg verweigerten die Alliierten 1947 Brecht den Aufenthalt in Westdeutschland. Sie unterstellten ihm eine kommunistische Einstellung. Deshalb zog er 1949 nach Ost-Berlin, wo er mit seiner Frau Helene Weigel das Berliner Ensemble gründete. 1950 erwarb er die österreichische Staatsbürgerschaft, 1953 wendete er sich vom Kommunismus ab.

Brecht starb nach einem Herzinfarkt am 14. August 1956 in der Charité in Ost-Berlin und wurde am 17. August unter großer Anteilnahme der Bevölkerung und im Beisein zahlreicher Vertreter aus Politik und Kultur auf dem Dorotheenstädtischen Friedhof in Berlin begraben. 1971 wurde seine Frau und berühmte Brecht-Interpretin Helene Weigel neben ihm beerdigt. Ihre wohl bekannteste Rolle ist die „Mutter Courage" aus Brechts Drama „Mutter Courage und ihre Kinder", das in der Zeit des Dreißigjährigen Krieges (1618–1648) spielt.

Helene Weigel

Brecht ist der bedeutendste und einflussreichste Dramatiker des 20. Jahrhunderts. Seine „Dreigroschenoper" (Uraufführung 1928) wurde zum größten Theatererfolg der Weimarer Republik. Weitere berühmte Werke sind „Baal" (1922), „Aufstieg und Fall der Stadt Mahagonny" (1930), „Mutter Courage und ihre Kinder" (1941), „Leben des Galilei" (1943), „Herr Puntila und sein Knecht Matti" (1948). Die Vertonungen zu den meisten Werken lieferte der Komponist Kurt Weill (1900–1950), dessen Frau Lotte Lenya eine der bekanntesten Brecht-Interpretinnen war.

Neben seinen Dramen schrieb Brecht viele sozialkritische Gedichte, Songs und Balladen, ohne die Liedermacher wie Wolf Biermann oder Franz Joseph Degenhardt nicht denkbar wären.

Kurt Weill

Fragen eines lesenden Arbeiters
(Bertolt Brecht)

Bertolt Brecht verfasste dieses Gedicht 1935 im dänischen Exil. Es wurde 1936 in der Moskauer Exilzeitschrift „Das Wort" veröffentlicht.

❶ Worum geht es in dem Gedicht Brechts?
___
___
___

❷ Welche Weltreiche mit ihren Bauten und Dynastien werden in der 1. Strophe angeführt?
___
___

❸ Welche berühmten historischen Strategen kommen in der 2. Strophe vor?
___

❹ Was zeigt die 3. Strophe auf?
___
___

❺ Was will die 4. Strophe aussagen?
___
___

❻ Wie ist das Gedicht sprachlich gestaltet?
___
___
___

❼ Wo wirkt das Gedicht komisch und grotesk?
___
___

❽ Welche Aussage steckt in Brechts Gedicht?
___
___
___
___
___
___
___

❾ Welche Aufgaben hat politische Lyrik?
___
___
___

Lit | Lösung

Fragen eines lesenden Arbeiters
(Bertolt Brecht)

Bertolt Brecht verfasste dieses Gedicht 1935 im dänischen Exil. Es wurde 1936 in der Moskauer Exilzeitschrift „Das Wort" veröffentlicht.

❶ Worum geht es in dem Gedicht Brechts?

Der einfache Arbeiter fühlt mit den Leuten, die seiner Gesellschaftsschicht nahestehen, mit den Sklaven, Soldaten, Bauleuten und Köchen. Er zweifelt an der Größe der Herrschenden und befragt die Geschichtsschreibung, aber er bekommt keine Antwort.

❷ Welche Weltreiche mit ihren Bauten und Dynastien werden in der 1. Strophe angeführt?

Theben (4. Jh. v. Chr.), Babylon (seit 3. Jahrtausend v. Chr.), Lima (seit 16. Jh.), China (ca. 2. Jh. v. Chr.), Rom (ca. 700 v. Chr. – 300 n. Chr.), Byzanz (seit 330 n. Chr.), Atlantis (ca. 1800 v. Chr.).

❸ Welche berühmten historischen Strategen kommen in der 2. Strophe vor?

Alexander der Große, Cäsar, Philipp II. von Spanien, Friedrich II. von Preußen.

❹ Was zeigt die 3. Strophe auf?

In dieser Strophe fragt Brecht provokant nach denen, die die Zeche zahlen mussten. Es sind die Kleinen, die die Taten der Großen erst möglich gemacht haben.

❺ Was will die 4. Strophe aussagen?

In äußerster Verknappung stehen zwei Aussagen, die keine Antworten geben. Eine Antwort auf die vielen Fragen zu finden, die im Gedicht vorkommen, ist Aufgabe des Lesers.

❻ Wie ist das Gedicht sprachlich gestaltet?

In reimlosen Versen werden dreizehn Fragesätze und zehn Aussagesätze aneinandergereiht, wodurch die zunehmende Verkürzung der Verse eine Temposteigerung erreicht wird. Die idealisierte Sprache (siebentorig, goldstrahlend, sagenhaft) wird in Frage gestellt.

❼ Wo wirkt das Gedicht komisch und grotesk?

Die Vorstellung wirkt grotesk, dass der große Feldherr Cäsar in einem Abhängigkeitsverhältnis zu seinem Koch stand.

❽ Welche Aussage steckt in Brechts Gedicht?

Brecht übt scharfe Kritik an der üblichen Geschichtsschreibung, die Geschichte von „oben" meist einseitig idealisiert. Das Interesse sollte nicht mehr den Herrschenden und Mächtigen, sondern ausschließlich dem Volk gelten, denn schließlich ist es das Volk, das die Zeche bezahlen muss. Für Brecht ist Geschichtsschreibung erst dann sinnvoll, wenn sie ambivalent ist, d. h., besonders die Kehrseite aufzeigt und die Geschichte der Beherrschten ins Auge fasst. Brechts Kritik der Geschichtsschreibung ist im marxistischen Sinne letzlich eine Kritik der von ihr beschriebenen Geschichte. Nach Brecht kann nur die marxistische Interpretation der Geschichte zur historischen Wahrheit vordringen.

❾ Welche Aufgaben hat politische Lyrik?

Politische Lyrik hat die Aufgabe, den Leser zum Nachdenken zu bringen, ihn aufzuklären und zum politischen Handeln aufzufordern und anzuleiten.

Kurt Tucholsky: Mutterns Hände

Lerninhalte:
- Kennenlernen des Gedichts „Mutterns Hände" von Kurt Tucholsky
- Wissen um die berlinerische Mundart des Gedichts
- Wissen, dass das Gedicht die Gesellschaft Berlins in den 30er-Jahren kritisiert
- Erkenntnis, dass das Gedicht als innerer Monolog der Mutter für ihr lebenslanges Aufopfern danken will
- Kennenlernen des pathetischen Gedichts „Mutter"
- Wissen um die Aussageabsicht von Kurt Tucholsky

Arbeitsmittel / Medien:
- Arbeitsblatt
- Bild für die Tafel: Kopf eines Kindes in den Händen der Mutter (Käthe Kollwitz)
- Folie 1: Gedicht: „Mutterns Hände" (Kurt Tucholsky)
- Folie 2: Berliner Mundart
- Folie 3: Gedicht: „Mutter" (Anonymus)
- Folie 4: Städtisches Obdach (Käthe Kollwitz)
- Folie 5: Lösungsblatt
- Folie 6: Kurzbiografie Kurt Tucholsky

Folie 4

Käthe Kollwitz: Städtisches Obdach (1926)

Verlaufsskizze

I. Hinführung

Stummer Impuls	Tafel (S. 75 oben)	Bild: Kopf eines Kindes in den Händen der Mutter (Käthe Kollwitz, 1900)
Aussprache		
Überleitung		L: Kennenlernen eines Gedichts, das diese Thematik zum Inhalt hat.
Zielangabe	Tafel	*Mutterns Hände* (Kurt Tucholsky)

II. Begegnung mit dem Gedicht

Lehrervortrag	Folie 1 (S. 77 oben)	Gedicht: Mutterns Hände
Schüler lesen mit		
Spontanäußerungen		

III. Arbeit am Gedicht

Schüler lesen Gedicht nochmals	Arbeitsblatt (S. 77)	
Impuls		L: Es liest sich leicht!
Aussprache		...Nein! Berliner Dialekt! ...
Arbeitsaufgabe		L: Klären der mundartlichen Ausdrücke.
Partnerabeit		
Zusammenfassung	Folie 2 (S. 75 unten)	• Stulln = belegtes Brot • Töppe = Töpfe • rübajeschohm = hinübergeschoben • Sticker = Stück • Katzenkopp = leichter Schlag auf den Hinterkopf • wa = wir
Impuls		L: Tucholskys Gedicht ist kein Muttertagsgedicht der üblichen Art.
Aussprache		
Stummer Impuls	Folie 3 (S. 75 unten)	Gedicht: Mutter (Anonymus) L: Unterschied?
Aussprache		
		L: Welche Aussage steckt in Tucholskys Gedicht?
Aussprache		
Impuls		L: Das Gedicht lässt Rückschlüsse auf die damalige Gesellschaft zu.
Aussprache		
	Folie 4 (S. 73)	Bild: Städtisches Obdach (Käthe Kollwitz, 1926)
Aussprache		

IV. Sicherung

Zusammenfassung	Arbeitsblatt (S. 77)	
Kontrolle Lösungsblatt	Folie 5 (S. 78)	
Schüler lesen das Gedicht		Sinngestaltendes Lesen

V. Ausweitung

	Folie 6 (S. 76)	Kurzbiografie Kurt Tucholsky
Erlesen mit Aussprache		

Bild für die Tafel

Käthe Kollwitz: Kopf eines Kindes in den Händen der Mutter (1900)

Folie 2

Berliner Mundart:

Mehr als die Hälfte aller Wörter des Gedichts sind Umgangssprache, so z. B. alle Zeitwörter außer „streicheln" in der letzten Verszeile. Gehäuft kommen sie bei den Arbeiten der Mutter vor, die im umgangssprachlichen Perfekt stehen. Dabei wird „g" als „j" gesprochen, z. B. „geschnitten" = „jeschnitten".

- Stulln = belegtes Brot
- Töppe = Töpfe
- rübajeschohm = hinübergeschoben
- Bobongs = Bonbons
- Schkandal = Skandal
- Sticker = Stück
- Katzenkopp = leichter Schlag auf den Hinterkopf
- wa = wir

Folie 3

Mutter

Liebe, treue Mutterliebe,
edler Schatz in dieser Welt,
die mit sanftem, heil'gen Triebe
bis zum Tod die Treue hält,
die das Kind so zärtlich liebt,
dass sie gerne alles gibt.

Liebe, die dich nie verlassen,
ob dich auch die Welt verstieß,
mochten alle dich auch hassen,
deine Mutter dich nie ließ,
bis ihr Herz für immer bricht,
lässt dich deine Mutter nicht.

Mutterliebe, die im Sterben
noch dem Kinde zugewandt,
wenn die Wangen sich entfärben,
fasst dich noch die matte Hand,
lächelt dir den Abschiedsgruß
und empfängt den letzten Kuss.

Kurt Tucholsky

Er wurde am 9. Januar 1890 in Berlin als Sohn der Eheleute Alexander und Doris Tucholsky geboren. Seine Kindheit verbrachte er in Berlin und Stettin, wo die Familie sechs Jahre lebte. Seine erste Veröffentlichung erlebte Tucholsky bereits mit 17 Jahren. Im Jahre 1909 schloss Kurt Tucholsky seine schulische Laufbahn mit dem Abitur ab und begann an der Friedrich-Wilhelms-Universität in Berlin ein Studium der Rechtswissenschaften. Bereits hier zeigte sich sein kritischer Geist. Noch war die Schreiberei für Kurt Tucholsky nicht der Hauptberuf. Durch den Tod des Vaters im Jahre 1905 war er mit der Volljährigkeit in den Besitz eines Erbes von ca. 70 000 Mark gekommen, welches ihm zu einigem Wohlstand verhalf. Im Jahre 1915 erhielt Tucholsky die Doktorwürde der Universität Jena und schloss sein Studium ab. Er leistete seinen Dienst als Soldat und wurde auch aktiv bei Kämpfen eingesetzt. Somit machte er direkte Erfahrungen mit Militär und Krieg. Nach dessen Ende wurde er Chefredakteur des Ulk. Mit Tucholsky kam eine humorvolle Art in die Beilage. Satirische Blätter wie der Simplicissimus standen Pate. Die literarische Produktion erfuhr eine deutliche Steigerung. Erstmalig verwendete Tucholsky die Pseudonyme Theobald Tiger und Ignaz Wrobel. 1919 wurde Kurt Tucholsky Gründungsmitglied des „Friedensbundes der Kriegsteilnehmer". Gemeinsam mit Carl von Ossietzky und anderen organisierte er die Kundgebungen unter dem Namen „Nie wieder Krieg". In dieser Zeit arbeitete Tucholsky unermüdlich. Allein für die Jahre 1919 und 1920 sind rund 250 Werke pro Jahr heute bekannt. Dazu kam seine politische Arbeit in diversen Verbänden. 1920 trat er der USPD bei und arbeitete für deren Organe „Die Freiheit" und „Freie Welt". Nebenbei schrieb Kurt Tucholsky für das politisch literarische Kabarett „Schall und Rauch". Auch hier konnte er brillieren. Chansons, Soli oder Conferencen schrieb er für das Ensemble, welches seine Texte begeistert aufnahm. Allerdings erhielt Kurt Tucholsky für sein Tun nicht nur Beifall. Beschimpfungen und Drohungen erreichten ihn in anonymen Briefen und Telefonaten. Die zahlreichen politischen Morde der extremen Rechten, denen u. a. Reichsaußenminister Rathenau zum Opfer fiel, mussten beunruhigen. Er suchte nun in der Wirtschaft nach gut dotierten Posten. Tucholsky stand mitten in einer Lebenskrise, die auch private Sorgen beinhaltete. Sogar Selbstmordgedanken sollen diese Krise begleitet haben.

Erst 1924 begann Tucholsky wieder für die „Weltbühne" zu schreiben. Er ging nach Frankreich und nahm in der Folgezeit wieder die Arbeit in Verbänden auf. Nur kurze Zeit später machten sich erste Anzeichen einer Krankheit bemerkbar, die schließlich zu einem Sanatoriumsaufenthalt führten. Von nun an sollte seine Gesundheit ihm zunehmend Probleme bereiten.

Tucholsky arbeitete weiter unermüdlich. Als Nächstes erschienen die Sammelbände „Das Lächeln der Mona Lisa" und „Deutschland, Deutschland über alles". Er unternahm Lesereisen und verlagerte dann 1930 seinen Wohnsitz nach Schweden. Im Mai 1931 erschien dann sein vielleicht bekanntestes Buch „Schloß Gripsholm". Am 30. Januar 1933 kam es zur sogenannten „Machtergreifung" Adolf Hitlers. Die „Weltbühne" erschien am 7.März letztmalig. An eine weitere Arbeit Tucholskys in Deutschland war nicht mehr zu denken. Am 10.Mai verbrannten die Nationalsozialisten auch seine Bücher. Am 22. August bürgerten sie ihn mit 32 weiteren Personen, dazu gehörten u. a. Lion Feuchtwanger und Heinrich Mann, aus. In seinem Domizil in Hindas (Schweden) verbrachte Tucholsky nun überwiegend den letzten Teil seines Lebens. Seine Krankheit sorgte zusehends dafür, dass sein Lebenswille und seine Schreibkraft abnahmen. Dass er nicht mehr in seiner Heimat publizieren konnte, tat ein Übriges. Noch einmal kam sein Kampfgeist auf, als der von ihm früher hochgeschätzte Knut Hamsun gegen Carl von Ossietzky, der zu diesem Zeitpunkt bereits im KZ saß, polemisierte. Aber Tucholskys Artikelangebote wurden abgelehnt. Er musste die bittere Erfahrung machen, dass man ihn nicht mehr wollte. Am 21. Dezember 1935 starb Kurt Tucholsky im Krankenhaus in Göteborg. Ob durch Selbstmord, wie oft vermutet, aber nie endgültig bewiesen, wird wohl nicht mehr geklärt werden können.

Mutterns Hände
(Kurt Tucholsky)

Kurt Tucholskys Gedicht erschien 1929 in der Arbeiter Illustrierten Zeitung (Nummer 30).

Mutterns Hände

I Hast uns Stulln jeschnitten
   un Kaffe jekocht
   un de Töppe rübajeschohm –
   un jewischt und jenäht
   un jemacht und jedreht...
   alles mit deine Hände.

II Hast de Milch zujedeckt,
   uns Bonbongs zujesteckt
   un Zeitungen ausjetragn –
   hast die Hemden jezählt
   und Kartoffeln jeschält...
   alles mit deine Hände.

III Hast uns manches Mal
    bei jroßen Schkandal
    auch 'n Katzenkopp jejeben.
    Hast uns hochjebracht.
    Wir wahn Sticker acht,
    sechse sind noch am Leben...
    alles mit deine Hände.

IV Heiß warn se un kalt.
   Nu sind se alt.
   Nu bist du bald am Ende.
   Da stehn wa nu hier,
   und denn komm wir bei dir
   und streicheln deine Hände.

❶ Inhalt:

❷ Sprache:

Käthe Kollwitz: Heimarbeit (1909)

❸ Was ist das Typische für diese Mundart? Übersetze mundartliche Ausdrücke ins Hochdeutsche, die schwer zu verstehen sind.

❹ Tucholskys Gedicht ist kein Muttertagsgedicht der üblichen Art. Begründe.

❺ Was war das für eine Zeit, in der das Gedicht spielt?

❻ Welche Aussage steckt in Tucholskys Gedicht?

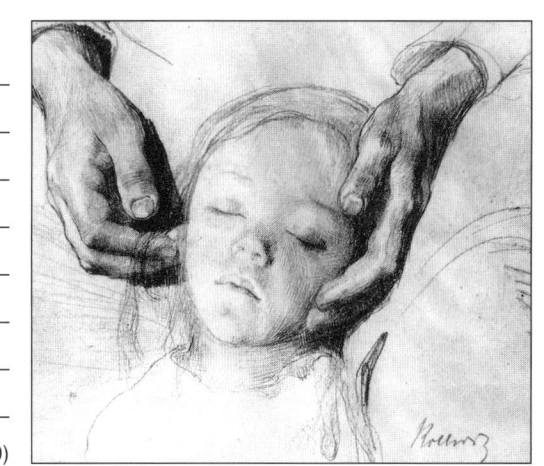

Käthe Kollwitz: Kopf eines Kindes in den Händen der Mutter (1900)

Arbeitsblatt/Folie 5

Lit Lösung

Mutterns Hände
(Kurt Tucholsky)

Kurt Tucholskys Gedicht erschien 1929 in der Arbeiter Illustrierten Zeitung (Nummer 30).

Mutterns Hände

I Hast uns Stulln jeschnitten
un Kaffe jekocht
un de Töppe rübajeschohm –
un jewischt und jenäht
un jemacht und jedreht...
alles mit deine Hände.

II Hast de Milch zujedeckt,
uns Bonbongs zujesteckt
un Zeitungen ausjetragn –
hast die Hemden jezählt
und Kartoffeln jeschält...
alles mit deine Hände.

III Hast uns manches Mal
bei jroßen Schkandal
auch 'n Katzenkopp jejeben.
Hast uns hochjebracht.
Wir wahn Sticker acht,
sechse sind noch am Leben...
alles mit deine Hände.

IV Heiß warn se un kalt.
Nu sind se alt.
Nu bist du bald am Ende.
Da stehn wa nu hier,
und denn komm wir bei dir
und streicheln deine Hände.

❶ **Inhalt:**
Es geht um den Dank der Kinder an die alte und todkranke Mutter für ihren unermüdlichen Einsatz.

❷ **Sprache:**
Berliner Mundart; wirkt echt und herzlich; umgangssprachliches Perfekt zu Beginn; häufig Konjunktion „und"

Käthe Kollwitz: Heimarbeit (1909)

❸ **Was ist das Typische für diese Mundart? Übersetze mundartliche Ausdrücke ins Hochdeutsche, die schwer zu verstehen sind.**
Leicht lesbar, fast alles verständlich (Soziolekt, Metrolekt); Stulln = belegte Brote, Töppe = Töpfe, Bonbongs = Bonbons, Katzenkopp = kurzer, leichter Schlag auf den Hinterkopf, Sticker = Stück

❹ **Tucholskys Gedicht ist kein Muttertagsgedicht der üblichen Art. Begründe.**
Es ist ein innerer Monolg, der nichts Sentimentales oder Pathetisches enthält, kein Wort von Mütterlichkeit oder Gemüt. Es ist ein intimes Gedicht als Ausdruck verschämten Dankes für eine untilgbare Schuld.

❺ **Was war das für eine Zeit, in der das Gedicht spielt?**
Das Gedicht bezieht sich auf die 30-er Jahre in Deutschland (Berlin) mit ihren schroffen sozialen Gegensätzen. Leben in ärmsten Verhältnissen stehen Überfluss, Genusssucht, Standesdünkel und Ausschweifung gegenüber.

❻ **Welche Aussage steckt in Tucholskys Gedicht?**
Das Gedicht versteht sich nicht nur als Dankes- und Abschiedsansprache eines der sechs Kinder, sondern auch als sozialrevolutionäre Anklage. In dieser Gesellschaft opfert sich eine Mutter still und unbeachtet ein Leben lang für ihre Kinder auf, ohne irgendeine Hilfe zu bekommen. Nur ihre Hände hat sie. Als Ausdruck ihrer Liebe können die Kinder nur ihre Hände streicheln, was für die Mutter mehr Lohn ist als alles Geld der Welt.

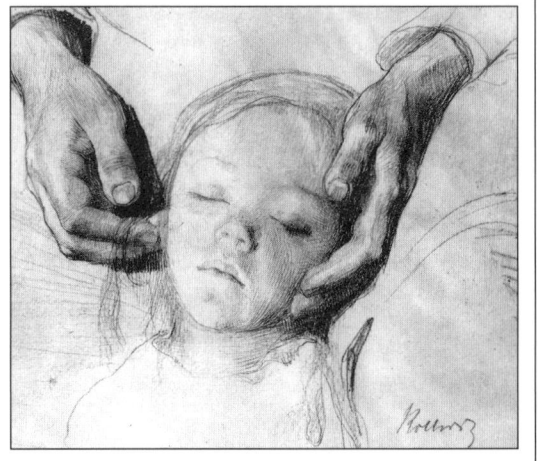

Käthe Kollwitz: Kopf eines Kindes in den Händen der Mutter (1900)

Marie Luise Kaschnitz: Hiroshima

Lerninhalte:

- Kennenlernen des Gedichts „Hiroshima" von Marie Luise Kaschnitz
- Wissen um den Aufbau des Gedichtes
- Versuch einer Charakterisierung des Piloten Paul Tibbets
- Lesen und Beurteilen von Zeitungsartikeln zum Thema Hiroshima / Nagasaki
- Diskussion um die Schuldfrage
- Herausfinden der Intention der Verfasserin
- Kennenlernen der Dichterin

Arbeitsmittel / Medien:

- Arbeitsblatt
- Bild für die Tafel: „Atompilz" über Hiroshima
- Infotext 1: Tod des legendären „Piloten von Hiroshima"
- Infotext 2: Menschen blieben nur als Schatten
- Folie 1: Bilder: Japan / Enola Gay / „Atompilz" / Atombombenopfer / Paul Tibbets
- Folie 2: Gedicht „Hiroshima"
- Folie 3: Lösungsblatt
- Folie 4: Kurzbiografie Marie Luise Kaschnitz

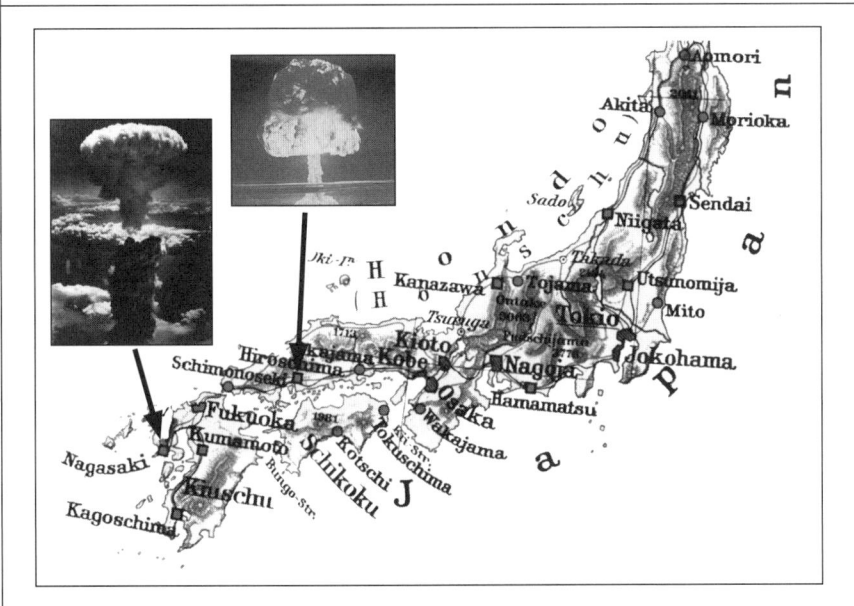

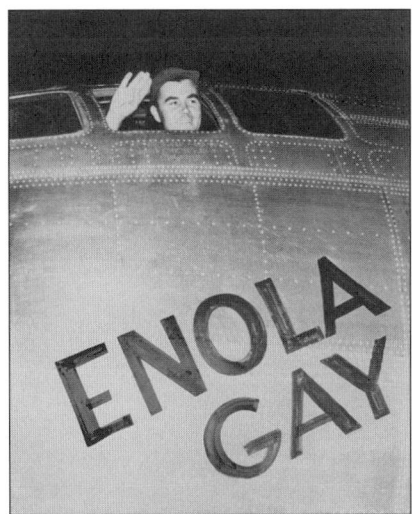

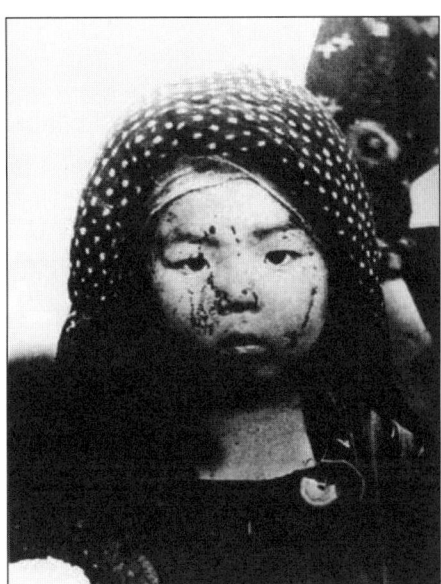

Folie 1

Verlaufsskizze

I. Hinführung

Stummer Impuls	Tafel (S. 84)	Bild: „Atompilz" über Hiroshima
Aussprache		
	Folie 1 (S. 79 unten)	Bilder: Japan/Enola Gay/Atombombe/Tibbets
Aussprache mit Lehrerinfo		
Überleitung		L: Kennenlernen eines Gedichts, das diese Thematik zum Inhalt hat.
Zielangabe	Tafel	*Hiroshima (Marie Luise Kaschnitz)*

II. Begegnung mit dem Gedicht

Lehrervortrag	Folie 2 (S. 85 oben)	Gedicht: Hiroshima
Schüler lesen mit Spontanäußerungen		

III. Arbeit am Gedicht

Schüler lesen Gedicht nochmals	Arbeitsblatt (S. 85)	
Impuls		L: Was fällt dir auf, wenn du Aufbau und Sprache des Gedichts betrachtest?
Aussprache	Tafel	1. Strophe: 8 Zeilen; 2. Strophe: 15 Zeilen; kein festes Versmaß, kein Reimschema; künstlerisch eindrucksvolle, präzise, wuchtige Sprache, Metapher: „das Auge der Welt"
Impuls		L: Die Dichterin stellt die Frage: Was geschah mit dem Piloten?
Aussprache		
Ergebnis	Tafel	Sie gibt drei mögliche Antworten: 1. Kloster (Schuld wird gesühnt) 2. Selbstmord (Schuld wird nicht mehr ertragen) 3. Irrenanstalt (Schuld treibt ihn in den Wahnsinn) Nichts von alledem ist wahr.
Stummer Impuls	Tafelanschrift	
Aussprache mit Ergebnis	Tafelanschrift	Pilot führt ein fast idyllisches Leben (Haus, Garten, Rosen, junge Frau, Blumenkleid, kleine Kinder). Idylle scheint brüchig zu sein (niedrige Hecke, nacktes Haus, Peitsche, verzerrtes Lachen). Der Beobachter (lyrisches Ich) wünscht sich vom Piloten das Eingestehen seiner Schuld.
Leitfrage		L: Aussageintention der Autorin?
Aussprache		
Arbeitsauftrag Gruppenarbeit		L: Fasse den Text kurz zusammen.
Gruppen 1/2/3	Infotext 1 (S. 81)	Tod des legendären „Piloten von Hiroshima"
Gruppen 4/5/6	Infotext 2 (S. 82)	Menschen blieben nur als Schatten
Gruppenberichte		
Leitfrage		L: Wer trägt die Schuld an „Hiroshima"? Präsident der USA - Generäle - Pilot - Japan?
Aussprache		L: Menschlichkeit im Krieg? Befehl und Gehorsam?

IV. Sicherung

Zusammenfassung	Arbeitsblatt (S. 85)	
Kontrolle Lösungsblatt	Folie 3 (S. 86)	

V. Ausweitung

	Folie 4 (S. 83)	Kurzbiografie Marie Luise Kaschnitz
Erlesen mit Aussprache		

Tod des legendären „Piloten von Hiroshima"
Paul Tibbets ist im Alter von 92 Jahren gestorben

Paul Tibbets war eine der letzten noch lebenden Persönlichkeiten des Zweiten Weltkrieges. Jetzt ist der ehemalige General gestorben. Er hatte das Flugzeug kommandiert, das Hiroshima mit einer Atombombe vernichtete.

Es war eine exotisch-warme Nacht über der Inselgruppe der Marianen im westlichen Pazifik, als sich die Männer für ihre Mission bereitmachten. Zusammen mit dem 30-jährigen Colonel Paul Tibbets bestiegen neun weitere Angehörige der amerikanischen Luftwaffe die am Rollfeld auf der Insel Tinian bereitstehende B-29. Die Ladung des viermotorigen Bombers hatten Spezialisten bereits vorher in ihrem Rumpf verstaut. Es war „Little Boy", die erste militärisch einzusetzende Atombombe. Um 2.30 Uhr in diesen frühen Morgenstunden des 6. August 1945 ließ Tibbets die Motoren der B-29 an und hob wenige Minuten später von der Startbahn auf Tinian ab. Des Colonels Flug in die Unsterblichkeit hatte begonnen, der Tod einer Stadt und der Eintritt in ein neues Zeitalter standen kurz bevor.

Paul Tibbets wurde am 23. Februar 1915 in Quincy im Gliedstaat Illinois geboren. Der Name seiner Mutter wurde durch ihn weltberühmt: Tibbets benannte die B-29, die er gen Hiroshima steuerte, nach ihr: Enola Gay. Der junge Tibbets hatte als Zwölfjähriger sein Schlüsselerlebnis. Einer der damals auf Jahrmärkten zur Unterhaltung des Publikums aeronautische Kunststückchen aufführenden Piloten suchte für seine Show über Südflorida einen Begleiter, der als Höhepunkt der Aufführung Schokoladenriegel in das staunende Publikum werfen sollte. Paul meldete sich – zum Verdruss seiner Eltern – für diesen Job, der ihm mehr als nur ein paar Cent einbrachte: Er weckte seine Leidenschaft für das Fliegen.

Auf Wunsch seiner Eltern begann der junge Tibbets das Studium der Humanmedizin. Er absolvierte ein Praktikum an einer Klinik für Geschlechtskrankheiten und nahm in seiner Freizeit Flugunterricht. Schließlich machte er seine Neigung zum Beruf: Er brach das Studium ab und trat in das Army Air Corps ein, den Vorläufer der späteren U. S. Air Force. Am 7. Dezember 1941 befand er sich auf einem Flug über dem Gliedstaat Georgia, als er im Radio die Nachricht vom japanischen Angriff auf Pearl Harbor hörte. Der Kriegseintritt der USA an jenem Sonntag legte den Grundstein zu Tibbets weiterer Karriere.

Als Pilot eines B-17-Bombers nahm Tibbets am 17. August 1942 am ersten bei Tageslicht geflogenen Angriff der in England stationierten Eighth Air Force auf den von Nazideutschland besetzten europäischen Kontinent teil. Er war ein exzellenter Pilot – und ein Flieger, der Eindruck auf Vorgesetzte machte, wie auf General Dwight D. Eisenhower, den er in seiner Maschine mitfliegen ließ. Im September 1944 wurde Tibbets zu einer unter höchster Geheimhaltung gebildeten Einheit in Colorado Springs abkommandiert, der 509th Composite Group. Was genau ihre Aufgabe war, erfuhren die Männer erst kurz vor ihrem Einsatz und auch dann nur in Andeutungen.

Die „Enola Gay" flog an jenem 6. August 1945 planmäßig in Richtung Hiroshima. Die Wolkendecke über der Stadt war so dünn, dass die Zielmarkierung, eine charakteristische Brückenstruktur, erkannt werden konnte. Um 9.15 Uhr Ortszeit öffnete Tibbets die Bombenklappen, „Little Boy" stürzte seinem Ziel entgegen. Der Bomber ging in eine 155-Grad-Kurve und einen steilen Sinkflug, um der Detonation zu entkommen. 43 Sekunden nach dem Abwurf verspürte Tibbets ein Kribbeln in seinen Zähnen – die radioaktive Strahlung interagierte mit deren Füllungen. In Hiroshima kamen an diesem Tag wahrscheinlich 80 000 Personen ums Leben, Unzählige erlagen in den folgenden Monaten und Jahren den Spätfolgen. Die Vermutung der „Enola Gay"-Besatzung, dass die Japaner umgehend „das Handtuch werfen" würden, erfüllte sich nicht. Drei Tage später zerstörte eine zweite Atombombe die Stadt Nagasaki.

Tibbets blieb auch nach Kriegsende in der Air Force, die er 1966 im Rang eines Brigadegenerals verließ. Danach wurde er zunächst Mitglied der Geschäftsführung des privaten Flugunternehmens Executive Jet Aviation. Später leitete er das überwiegend von gut situierten Geschäftsreisenden in Anspruch genommene Unternehmen. 1987 ging er endgültig in den Ruhestand, blieb jedoch hinter den Kulissen höchst aktiv, wenn es um die historische Bewertung des Angriffs auf Hiroshima ging. Als die Washingtoner Smithsonian Institution 1995 einen Teil der „Enola Gay" ausstellte (das Flugzeug steht heute voll restauriert im Udvar-Hazy Air and Space Museum nahe des Washingtoner Dulles Airport) und dabei eine stark opferzentrierte Präsentation wählte, sorgte Tibbets im Verbund mit anderen Veteranen für das vorzeitige Ende der als „unpatriotisch" empfundenen Exposition. Bedauert hat er seinen Anteil an der Geschichte des Zweiten Weltkrieges nicht. Auf die Frage nach Gewissensbissen pflegte er stets mit „Hell, no!" zu antworten. Nach seiner Interpretation wurde mit den Atombombenabwürfen das Leben von Hunderttausenden von GI gerettet, die sonst bei einer Invasion Japans ums Leben gekommen wären.

Tibbets, der am Donnerstag im Alter von 92 Jahren in Columbus verstarb, hat immer wieder betont, dass er weder ein Denkmal noch einen Grabstein wünsche. Seine Asche solle von einem Flugzeug aus über dem Meer verstreut werden.

© Neue Züricher Zeitung, 2. November 2007

Menschen blieben nur als Schatten

„Little Boy" und „Fat Man" brachten das atomare Feuer über Hiroshima und Nagasaki

Augsburg. „My God!" steht unter dem 6. August 1945 im Logbuch des B-29-Bombers „Enola Gay". Fassungslosigkeit ist da herauszulesen über das bisher Unvorstellbare: Die erste Atombombe war über einem Kriegsziel explodiert, die Bomberbesatzung hatte sie über Hiroshima in Japan abgeworfen. Die Flieger sahen den schwarzen Riesen-Rauchpilz aufsteigen – das Menetekel atomarer Massenvernichtung.

Nach dem erfolgreichen Test eines Atomsprengkörpers am 16. Juli 1945 in New Mexico gab US-Präsident Truman am 24. Juli von der Potsdamer Konferenz aus den Befehl: Einsatz der Atombombe gegen Japan nach dem 3. August. Vier Ziele standen zur Wahl: Die Städte Hiroshima, Kokura, Nagasaki oder Niigata. Sie waren ausgesucht worden nach militärstrategischer Bedeutung und sollten dabei weitgehend unversehrt sein. Denn das neuartige Vernichtungspotential der Bombe wollte man möglichst „rein" studieren.

Es war damals freilich so, dass auch Wissenschaftler sich vor allem über die Strahlenwirkung einer atomaren Explosion nicht im Klaren waren. Doch die Zahl möglicher Todesopfer war bei den Militärs nicht das Thema. Allein 84 000 Tote hatte der konventionelle Brandbombenangriff vom 9./10. März 1945 auf Tokio gefordert. Robert Oppenheimer, der „Vater der Atombombe", rechnete mit 20 000 Atombombenopfern. „Gut so! Es schadet gar nicht, wenn einige Japsen draufgehen", kommentierte der Leiter des Atombomben-Projekts, General Leslie Groves, zynisch. Das klang nach Revanche für die vielen amerikanischen Toten im Pazifikkrieg, den Japan mit seinem Überfall auf die US-Flotte in Pearl Harbor ausgelöst hatte.

Von der Pazifikinsel Tinian aus startete an diesem 6. August 1945 die Fliegende Festung „Enola Gay", befehligt von Oberst Paul Tibbets, in Richtung Japan. An Bord „Little Boy", eine 4,4 Tonnen schwere Uran-235-Bombe mit einer Sprengkraft von 12 500 Tonnen TNT. Wetterpilot Major Claude Eatherly, mit seiner Maschine vorausgeflogen, meldete klare Sicht über Hiroshima. Die tödliche Zielwahl fiel deshalb auf diese Stadt.

Die am Bremsfallschirm hängende Bombe wurde in 576 Meter Höhe über Hiroshima um 8.16 Uhr gezündet. Nach einem durchdringenden Lichtblitz verschwand die Stadt unter Rauch und Feuer. „Keiner von uns hatte wohl mit einem solchen Anblick gerechnet", berichtet Kopilot Robert Lewis. Navigator Theodore van Kirk sah anstelle der Stadt „einen Topf voll von kochendem schwarzen Öl". Heckschütze George Caron tat „einen Blick in die Hölle". Der japanische Augenzeuge Shuntaro Hida beschreibt die Explosion als „eine gewaltige weiße Wolke ... In ihrem Innern schwoll ein gigantischer Feuerball an."

Im Umkreis von tausend Metern unter dem Explosionszentrum gab es kaum einen Überlebenden. Innerhalb von 500 Metern blieb nichts als weiße Asche übrig. Allenfalls ein Schattenumriss, eingebrannt in Stein, erinnerte an einen Menschen. Viele Opfer starben erst Tage später an Folgen von Verbrennung und radioaktiver Strahlung. Menschen, denen die Kleidung vom Leib gerissen worden war, taumelten ziellos, oft erblindet, umher. „Diese Masse verbrannten Fleisches, über und über mit Blut und Schmutz bedeckt, war ein Mensch", schildert Hida den Anblick eines Bombenopfers.

Offiziell starben direkt durch die Explosion 86 000 Menschen. Folgewirkungen, etwa Krebserkrankungen, ließen bis Ende 1945 die Zahl auf 140 000 anwachsen.

Am 9. August wiederholte sich die atomare Vernichtung über Nagasaki. „Fat Man" hieß diesmal der dicke Plutonium-Sprengkörper mit 22 000 Tonnen TNT-Wirkung, abgeworfen aus dem Bomber „The Great Artist" mit Chefpilot Major Jack Sweeny. 40 000 Einwohner kamen sofort um, 70 000 waren es bis Ende 1945.

Die Liste der später an Strahlenschäden Gestorbenen wird übrigens bis heute weitergeführt; derzeit zählt sie über 300 000 Opfer für beide Angriffe. In Hiroshima werden ihre Namen an einem vom Architekten Kenzo Tange entworfenen Totenmal laufend weiter eingetragen.

Gernot Kirzl © Augsburger Allgemeine Zeitung, 6. August 1995

Marie Luise Kaschnitz

Sie wird am 31. Januar 1901 in Karlsruhe als Tochter des Ehepaares Max Freiherr von Holzing Berstett und Elsa von Seldeneck geboren. Marie Luise Kaschnitz hat zwei ältere Schwestern und einen jüngeren Bruder. Da ihr Vater als Offizier (später Generalmajor) aus badischen in preußische Dienste übertritt, wächst sie in Potsdam und Berlin auf. Trotz materiell gesicherter Verhältnisse und guter Bildung erlebt sie keine harmonische Kindheit, sie ist ein sensibles, ängstliches und schüchternes Kind, das die Nähe zu den Eltern sucht. Nach der Ermordung des österreichischen Thronfolgers 1914 erfährt sie die überschäumende Kriegsbegeisterung der Deutschen in Berlin, wo sie in einem Mädchenpensionat lebt. Nach dem Krieg wählt die Familie einen neuen Wohnsitz und zieht auf das Familiengut Bollschweil bei Freiburg im Schwarzwald. Die Entfernung der Eltern voneinander sorgt dafür, dass sich die Kinder auf eigene Füße stellen. 1921 beginnt Marie Luise Kaschnitz in Weimar eine Lehre als Buchhändlerin (Thelemannsche Buchhandlung) und arbeitet danach in München im O.C. Recht Verlag. Ab 1925 arbeitet sie im Antiquariat Leonardo S. Olschki in Rom. Dort heiratet sie den 1890 in Wien gebürtigen Archäologen Guido von Kaschnitz-Weinberg, den sie von nun an in die Städte begleiten wird, in denen er Lehraufträge für Archäologie annimmt. 1928 wird Tochter Iris Constanza geboren. Marie Luise Kaschnitz beginnt zu dichten. 1930 erfolgt die Veröffentlichung der ersten Erzählung in der von Max Tau und Wolfgang von Einsiedel bei Bruno Cassirer herausgegebenen Anthologie „Vorstoß – Prosa der Ungedruckten". Nach seiner Habilitation in Freiburg folgt Guido von Kaschnitz 1932 einem Ruf an die Universität Königsberg. 1933 erscheint der Roman „Liebe beginnt". Die ersten Gedichte entstehen. 1937 folgt der zweite Roman „Elissa". Bis 1941 hält sich die Familie Kaschnitz in Marburg auf und zieht dann nach Frankfurt am Main. 1943 erscheint die Nacherzählung „Griechische Mythen". Das Gefühl der Ohnmacht gegen das Naziregime sorgt dafür, dass die Kaschnitz sich mehr und mehr ins Private zurückzieht. Das Erleben des Krieges bewirkt eine radikale Wandlung in ihrer Kunst, die Hinwendung zum Mitmenschen und seiner Umwelt. Ab 1945 folgen kontinuierliche Veröffentlichungen. Schon 1945 erscheinen in Zeitschriften Essays und Gedichte. Ein Essayband erscheint 1946, ein erster Gedichtband 1947. 1949 wird die Gustave Courbet-Biografie unter dem Titel „Die Wahrheit, nicht der Traum" veröffentlicht. Die Titelgeschichte des Erzählbandes „Das dicke Kind" macht die Autorin 1952 schlagartig bekannt. Von 1953 bis 1956 übernimmt Guido von Kaschnitz das Deutsche Archäologische Institut in Rom. Nach seiner Pensionierung kehrt die Familie nach Frankfurt zurück. 1955 erhält Marie Luise Kaschnitz den Georg-Büchner-Preis, 1957 den Immermann-Preis der Stadt Düsseldorf. 1958 stirbt Guido von Kaschnitz in Frankfurt. 1960 erhält Marie Luise Kaschnitz in Frankfurt den Lehrstuhl für Poetik. Sie wird Mitglied des PEN-Zentrums der Bundesrepublik, der Deutschen Akademie für Sprache und Dichtung (Darmstadt), der Bayerischen Akademie der schönen Künste (München), der Mainzer Akademie der Wissenschaften und der Literatur. 1966 wird ihr die Goethe-Plakette der Stadt Frankfurt verliehen. 1967 wird sie in den Orden Pour le mérite gewählt. 1968 werden ihr die Ehrendoktorwürde der Johann-Wolfgang-Goethe-Universität Frankfurt, 1970 der Hebel-Preis des Landes Baden-Württemberg verliehen.

Am 10. Oktober 1974 stirbt Marie Luise Kaschnitz in Rom. Sie ist in ihrem Heimatdorf Bollschweil begraben.

Bild für die Tafel

Hubert Albus: Gedichte © Brigg Pädagogik Verlag GmbH, Augsburg

Hiroshima
(Marie Luise Kaschnitz)

Hiroshima

1 Der den Tod auf Hiroshima warf
2 Ging ins Kloster, läutet die Glocken.
3 Der den Tod auf Hiroshima warf
4 Sprang vom Stuhl in die Schlinge, erwürgte sich.
5 Der den Tod auf Hiroshima warf
6 Fiel in Wahnsinn, wehrt Gespenster ab
7 Hunderttausend, die ihn angehen nächtlich
8 Auferstandene aus Staub für ihn.

9 Nichts von alledem ist wahr.
10 Erst vor kurzem sah ich ihn
11 Im Garten seines Hauses vor der Stadt.
12 Die Hecken waren noch jung und die Rosenbüsche zierlich.
13 Das wächst nicht so schnell, dass sich einer verbergen könnte
14 Im Wald des Vergessens. Gut zu sehen war
15 Das nackte Vorstadthaus, die junge Frau
16 Die neben ihm stand im Blumenkleid
17 Das kleine Mädchen an ihrer Hand
18 Der Knabe, der auf seinem Rücken saß
19 Und über seinem Kopf die Peitsche schwang.
20 Sehr gut erkennbar war er selbst
21 Vierbeinig auf dem Grasplatz, das Gesicht
22 Verzerrt von Lachen, weil der Photograph
23 Hinter der Hecke stand, das Auge der Welt.

❶ **Aufbau des Gedichts?**
_____

❷ **Die Dichterin gibt dem Täter drei Antworten als Konsequenz für dessen Verhalten.**
① _____
② _____
③ _____

❸ **Wo liegt der Höhepunkt der dramatischen Gestaltung?**
_____

❹ **Wo kommt im Gedicht zum Ausdruck, dass die Idylle des Piloten nicht stimmig ist?**
_____
_____
_____

❺ **Welche Aussage will die Autorin mit ihrem Gedicht treffen?**
_____
_____
_____
_____
_____

Arbeitsblatt / Folie 3

Lit | Lösung

Hiroshima
(Marie Luise Kaschnitz)

Hiroshima

1 Der den Tod auf Hiroshima warf
2 Ging ins **Kloster**, läutet die Glocken.
3 Der den Tod auf Hiroshima warf
4 Sprang vom Stuhl in die **Schlinge**, erwürgte sich.
5 Der den Tod auf Hiroshima warf
6 Fiel in **Wahnsinn**, wehrt Gespenster ab
7 Hunderttausend, die ihn angehen nächtlich
8 Auferstandene aus Staub für ihn.

9 **Nichts von alledem ist wahr.**
10 Erst vor kurzem sah ich ihn
11 **Im Garten seines Hauses** vor der Stadt.
12 Die Hecken waren noch jung und die Rosenbüsche zierlich.
13 Das wächst nicht so schnell, dass sich einer verbergen könnte
14 Im Wald des Vergessens. Gut zu sehen war
15 Das nackte Vorstadthaus, die junge Frau
16 Die neben ihm stand im Blumenkleid
17 Das kleine Mädchen an ihrer Hand
18 Der Knabe, der auf seinem Rücken saß
19 Und über seinem Kopf die Peitsche schwang.
20 Sehr gut erkennbar war er selbst
21 Vierbeinig auf dem Grasplatz, das Gesicht
22 Verzerrt von Lachen, weil der Photograph
23 Hinter der Hecke stand, das Auge der Welt.

❶ Aufbau des Gedichts?

1. Strophe: 8 Zeilen; 2. Strophe: 15 Zeilen; kein festes Versmaß, kein Reimschema

❷ Die Dichterin gibt dem Täter drei Antworten als Konsequenz für dessen Verhalten.

① Kloster (Schuld wird gesühnt; Glockenläuten als Symbol zur Umkehr)

② Selbstmord (Schuld wird nicht mehr ertragen)

③ Irrenanstalt (Schuld treibt ihn in den Wahnsinn; Gespenster als Symbol der Rachegeister)

❸ Wo liegt der Höhepunkt der dramatischen Gestaltung?

Nichts von alledem ist wahr. Eine lapidare, wuchtige Aussage ⇨ Was ist mit dem Piloten?

❹ Wo kommt im Gedicht zum Ausdruck, dass die Idylle des Piloten nicht stimmig ist?

Die Idylle scheint brüchig zu sein (niedrige Hecke, verbergen, vergessen, nacktes Haus, Peitsche, verzerrtes Lachen). Der Beobachter (das lyrische Ich) wünscht sich vom Piloten das Eingestehen seiner Schuld.

❺ Welche Aussage will die Autorin mit ihrem Gedicht treffen?

Marie Luise Kaschnitz will damit an das Ungeheuerliche von Hiroshima erinnern. Zugleich will sie darauf hinweisen, dass Täter ihrer Verantwortung und ihrer Schuld nicht entfliehen können, auch wenn sie vom Staat hochdekoriert als „Helden" gefeiert werden. Das Gedicht appelliert an uns, Verantwortung zu übernehmen und keine Befehle auszuführen, die humanitäre Grundrechte verletzen könnten.

Günter Eich: Wetterhahn

Lerninhalte:
- Kennenlernen des Gedichts „Wetterhahn" von Günter Eich
- Wissen um den Aufbau des Gedichtes
- Erkennen, dass Harmloses oft bedrohlich wirken kann
- Herausfinden grotesker Elemente
- Erkennen der Intention des Verfassers
- Kennenlernen des Dichters

Arbeitsmittel / Medien:
- Arbeitsblatt
- Bild für die Tafel: Wetterhahn
- Folie 1: Gedicht „Wetterhahn"
- Folie 2: Bilder (Idylle) als mögliche Chiffren
- Folie 3: Wetterhahn – reale Gefahren
- Folie 4: Lösung Arbeitsblatt
- Folie 5: Kurzbiografie Günter Eich

Folie 5

Günter Eich

Er wird am 1. Februar 1907 in Lebus/Mark Brandenburg als Sohn des Gutsverwalters Otto Eich und seiner Frau Helene, geb. Heine, geboren. Nach Abschluss der Schule studiert Eich Rechtswissenschaften und orientalische Sprachen in Leipzig, Paris und Berlin.
Nach einigen Gedichten unter dem Pseudonym Erich Günter veröffentlicht Eich 1930 den ersten Gedichtband. Seit 1932 arbeitet er als freier Schriftsteller in Berlin und Dresden. 1933 folgt die Veröffentlichung des Lustspiels „Die Glücksritter", ein Jahr später die Erzählung „Katharina". 1939 wird Eich zur Luftwaffe als Kraftfahrer und Funker einberufen. 1940 heiratet er Else Burk. Beide wohnen in Berlin-Wilmersdorf. Gegen Ende des Krieges gerät Eich in amerikanische Kriegsgefangenschaft, wo er im Sommer 1945 entlassen wird. 1947 ist er Mitbegründer der Gruppe 47. Er ist auch deren erster Preisträger. 1948 veröffentlicht er das lyrische Werk „Abgelegene Gehöfte". 1949 lässt sich Eich von seiner ersten Frau scheiden. 1951 wird ihm der Literaturpreis der Bayerischen Akademie der Schönen Künste verliehen. Eich ist Mitglied im P.E.N.-Club. 1952 wird er mit dem „Hörspielpreis der Kriegsblinden" für das Hörspiel „Die Andere und ich" ausgezeichnet. Seit 1953 ist Eich mit der Schriftstellerin Ilse Aichinger verheiratet und wohnt in München. Im selben Jahr erfolgt die Veröffentlichung des Hörspiels „Träume". Ab 1955 ist er Mitglied der Bayerischen Akademie der Schönen Künste. 1958 wird der Hörspiel-Sammelband „Stimmen" veröffentlicht. Zahlreiche Auszeichnungen folgen, so 1959 die Verleihung des Georg-Büchner-Preises und 1960 die Auszeichnung mit dem Dr. Schleußner-Dr. Schiller-Preis für das beste Hörspiel des Hessischen Rundfunks. Mit seiner Frau unternimmt Eich zahlreiche Lesereisen, u. a. auf den Balkan und in den Nahen Osten, nach Indien, Thailand, Hongkong, Japan, Kanada und in die USA. 1963 bereist Eich Skandinavien, Frankreich und England. 1968 wird er mit dem Schiller-Gedächtnispreis des Landes Baden-Württemberg ausgezeichnet. Im selben Jahr erfolgt die Veröffentlichung des Erzählbandes „Kulka, Hilpert, Elefanten" und die Schrift „Ein Tibeter in meinem Büro. 49 Maulwürfe". Erste deutliche Krankheitssymptome machen sich bemerkbar. Erste Herzanfälle folgen. Am 20. Dezember 1972 stirbt Günter Eich in einem Sanatorium in Salzburg.

Verlaufsskizze

I. Hinführung

Stummer Impuls	Tafel (S. 90 oben)	Bild: Wetterhahn
Aussprache		
Überleitung		L: Kennenlernen eines Gedichts, das über einen Wetterhahn geht.
Zielangabe	Tafel	*Wetterhahn (Günter Eich)*

II. Begegnung mit dem Gedicht

Lehrervortrag	Folie 1 (S. 85 oben)	Gedicht: Wetterhahn
Schüler lesen mit Spontanäußerungen		

III. Arbeit am Gedicht

Schüler lesen Gedicht nochmals	Arbeitsblatt (S. 91)	
Impuls		L: Was fällt dir auf, wenn du Aufbau und Sprache des Gedichts betrachtest?
Aussprache	Tafel	10 Verszeilen (Frage, Beobachtung) sind dem lyrischen Sprecher, 10 Verszeilen (Antworten) dem Wetterhahn zugeteilt. Sätze ohne Prädikat, Vermeidung des Artikels.
		L: Was bedeutet die Sprachwendung „Der Hahn bekräht die Wolke"?
Aussprache		Ausdruck für Harmloses, Fehlalarm analog der Redewendung „Der Hund bellt den Mond an"
		L: Was wirkt bei diesem Gedicht grotesk?
Aussprache		
Ergebnis	Tafelanschrift	Wetterhahn = lebendiger Hahn (nervös, übererregt, jähzornig, misstrauisch)
		Verzerrung der Idylle durch den „bösen" Blick des Wetterhahns, der „Gefahren" sieht
Arbeitsauftrag		L: Was erwartet der lyrische Sprecher vom Wetterhahn? Erfüllt dieser die Erwartung?
Gruppenarbeit		
Gruppenberichte		
Zusammenfassung	Tafelanschrift	Der Wetterhahn soll drohende „Gefahren", die der Sprecher nicht sieht, nennen. Der Hahn nennt „Gefahren", die anscheinend keine sind. Irrt sich der Sprecher und der Hahn sieht genauer als er? Es scheint aber „Gefahr" in der Luft zu liegen.
Stummer Impuls	Folie 2 (S. 89)	L: Könnten dahinter „Gefahren" stecken?
Aussprache		
Zusammenfassung	Folie 3 (S. 90)	Bilder: Technische Katastrophen (28. Januar 1986: Explosion der Challenger, sieben Astronauten sterben), Umweltkatastrophen (Ölpest, Tschernobyl, Brände, Überschwemmungen, Lawinen)
Aussprache		

IV. Sicherung

Zusammenfassung	Arbeitsblatt (S. 91)	
Kontrolle Lösungsblatt	Folie 4 (S. 92)	

V. Ausweitung

	Folie 5 (S. 87 unten)	Kurzbiografie Günter Eich
Aussprache		

Folie 2

Folie 3

Arbeitsblatt/Folie 1

Lit

Name: _____ Datum: _____

Wetterhahn
(Günter Eich)

Wetterhahn

I Wetterhahn,
klirrendes Krähn,
welche Gefahren
sind zu erspähn?

II Wallender Rauch
um Antennendraht,
Isolatoren
am Ziegelgrat,

III blähende Blusen
zum Trocknen gehängt,
Tauberflug
um die Traufe geschwenkt,

IV Schneewirbel und
Regentropf
Es schwillt der Kamm
am Eisenkopf,

V es klirren die Sporen,
vom Westwind gedreht,
der Wetterhahn
die Wolke bekräht.

❶ Aufbau des Gedichts:

↓

_____?

_____ _____ _____ _____

↓

_____ oder tatsächliche _____?

❷ Inwiefern zeichnet das Gedicht ein komisches Bild des Wetterhahns?
_____
_____

❸ Vordergründig irrt der Wetterhahn, denn er erspäht harmlose Dinge. Sind sie wirklich harmlos oder stehen sie als Chiffren für Gefährliches, Bedrohliches?
_____
_____
_____
_____

❹ Was wirkt im Gedicht grotesk?
_____
_____

❺ Was will Günter Eich mit seinem Gedicht beim Leser erreichen?
_____
_____
_____

Arbeitsblatt/Folie 4

Lit | Lösung

Wetterhahn
(Günter Eich)

Wetterhahn

I Wetterhahn,
   klirrendes Krähn,
   welche Gefahren
   sind zu erspähn?

II Wallender Rauch
    um Antennendraht,
    Isolatoren
    am Ziegelgrat,

III blähende Blusen
    zum Trocknen gehängt,
    Tauberflug
    um die Traufe geschwenkt,

IV Schneewirbel und
    Regentropf
    Es schwillt der Kamm
    am Eisenkopf,

V   es klirren die Sporen,
    vom Westwind gedreht,
    der Wetterhahn
    die Wolke bekräht.

❶ **Aufbau des Gedichts:**

↓ __Gefahren__ ?

| Rauch | Antennen | Isolatoren | Wäsche |
| Tauben | Schnee | Regen | Wolken |

↓ __Harmlose Dinge__ oder tatsächliche __Gefahren__ ?

❷ **Inwiefern zeichnet das Gedicht ein komisches Bild des Wetterhahns?**
Der Wetterhahn scheint Züge eines lebenden Hahns zu haben, denn er zeigt sich nervös und übererregt, jähzornig, total misstrauisch und unter Verfolgungswahn leidend.

❸ **Vordergründig irrt der Wetterhahn, denn er erspäht harmlose Dinge. Sind sie wirklich harmlos oder stehen sie als Chiffren für Gefährliches, Bedrohliches?**
① Rauch: Hinweis auf eine Katastrophe (Feuer, ein brennendes Haus, ein Verkehrsunfall)
② Antennen: Gefahr durch Medien (totale Kontrolle, kritiklose Abhängigkeit des Konsumenten)
③ Isolatoren: Gefahren der Technik (technischen Katastrophen, Umweltprobleme)
④ Wäsche: Hinweis auf den Menschen als „Verschmutzer" (Umwelt, Unmenschlichkeit)
⑤ Regen/Schnee/Wolken: Drohende Naturkatastrophen (Überschwemmungen, Lawinen)

❹ **Was wirkt im Gedicht grotesk?**
Der lebendig dargestellte Wetterhahn sieht im Idyllischen und Harmlo-sen etwas Gefährliches und kräht daraufhin die Wolke an.

❺ **Was will Günter Eich mit seinem Gedicht beim Leser erreichen?**
Um hinter dem Idyllischen noch unbekannte „Gefahren" zu erspähen, bedarf es aufmerksamen Beobachtens. Hinter scheinbar Harmlosem können wirkliche Gefahren lauern. Nur eine kritische Haltung des Einzelnen kann verhindern, dass irreale „Gefahren" Wirklichkeit werden.

Hilde Domin: Unaufhaltsam

Lerninhalte:

- Kennenlernen des Gedichts „Unaufhaltsam" von Hilde Domin
- Wissen um den Aufbau des Gedichtes
- Beurteilung der letzten Strophe
- Erkennen, dass Worte Waffen sein können
- Wissen um Auswüchse der deutschen Sprache bei verbalen Auseinandersetzungen
- Heranbildung eines Gefühls der Verantwortung im Umgang mit der Sprache

Arbeitsmittel / Medien:

- Arbeitsblatt
- Folie 1: Das Götzzitat
- Folie 2: Gedicht „Unaufhaltsam"
- Folie 3: Schimpfwörter
- Folie 4: Lösungsblatt
- Folie 5: Kurzbiografie Hilde Domin
- Folie 6: Ich will dich – Begegnungen mit Hilde Domin (Filmbeschreibung)
- DVD: Ich will dich – Begegnungen mit Hilde Domin © Punktfilm Anna Ditges, Köln 2007

Das Götzzitat
Folie 1

Die Redewendung „Er kann mich im Arsche lecken" aus Johann Wolfgang von Goethes Götz von Berlichingen ist als „Götzzitat" oder Schwäbischer Gruß bekannt.

Das „Götzzitat" wird in den schriftlichen Ausgaben des „Götz von Berlichingen" traditionell nicht ausgeschrieben, sondern durch „Ersatzzeichen" dargestellt:

„Götz (antwortet): ... Sag deinem Hauptmann: Vor Ihro Kaiserliche Majestät hab ich, wie immer, schuldigen Respekt. Er aber, sag's ihm, er kann mich ... "

Als ‚Götzzitat' wird in Beleidigungszusammenhängen und Prozessen auch oft die Aufforderung an den Streitgegner „Leck mich am Arsch!" verstanden.

Schimpfwörter
Folie 3

Mit Schimpfwort wird ein Wort bezeichnet, das eine beleidigende Bedeutung hat. Je nach Kontext spricht man auch von Kraftwort oder Vulgärausdruck. Schimpfwörter werden beim Schimpfen und auch oft beim Fluchen verwendet. Insbesondere wird bei der Verwendung auf die Beleidigung einer Person oder Personengruppe abgezielt. Alles, was diese Person werthalten könnte, kann mit dem Schimpfwort besudelt werden. Sie werden abgeleitet aus Begriffen, die

- sexuell obszön sind, sexuelle Handlungen beschreiben oder den umgangssprachlichen Bezeichnungen der Genitalien entnommen sind (Fotze, Sack, Wichser etc.),
- das andere Geschlecht herabsetzen (Hure, Schlampe, Tussi, Macho, Blödmann, Weichei etc.),
- aus dem Fäkalbereich entstammen, skatologisch sind (Scheiße, Arsch, Scheißdreck, Mist etc.),
- dem Anderen das Menschsein absprechen und (auch erfundene) Tiernamen vergeben (Hund, Schwein, Esel, Schweinehund, Rübenschwein, Drecksau, Zicke, Zecke etc.),
- religiöse Begriffe blasphemisch um- oder abwerten (Kruzifix, Sakrament, verdammt etc.),
- rassistisch sind (Nigger, Japse, Kanake, Judensau, Kaffer etc.),
- chauvinistisch andere, fremde Nationen herabsetzen (Polack, Kartoffel-, Spaghettifresser etc.),
- der Gegenseite körperliche oder geistige Mängel zuschreiben (Irrer, Krüppel, Mongo, Spasti etc.),
- körperliche Merkmale bezeichnen (Fettsack, Pickelgesicht etc.),
- in anderer Sprache aus den oben genannten Bereichen entnommen sind (fuck, shit, damn etc.).

Verlaufsskizze

I. Hinführung

Stummer Impuls	Folie 1 (S. 93 Mitte)	Das Götzzitat (mit Bild)
Aussprache		
Überleitung		L: Kennenlernen eines Gedichts, das diese Thematik zum Inhalt hat.
Zielangabe	Tafel	*Unaufhaltsam (Hilde Domin)*

II. Begegnung mit dem Gedicht

Lehrervortrag	Folie 2 (S. 97 oben)	Gedicht: Unaufhaltsam
Schüler lesen mit Spontanäußerungen		

III. Arbeit am Gedicht

Schüler lesen Gedicht nochmals	Folie 2 (S. 97 oben)	
Impuls		L: Was meinst du zur Überschrift des Gedichts?
Aussprache		
Stummer Impuls	Tafel	„Schwarze Worte"
Aussprache	Tafel	= verletzende Worte, Schimpfwörter
		L: Wie umschreibt Hilde Domin die Wirkung von „schwarzen Wörtern"?
Aussprache	Tafel	• Gräser verdorren • Blätter werden gelb • Schnee fällt
Stummer Impuls	Tafel	Worte mit bunten, weichen Federn
Aussprache	Tafel	= versöhnende, besänftigende, liebe Worte
		L: Wieso haben besänftigende Worte nach einem „schwarzen Wort" keine Wirkung?
Aussprache		
		L: In welchem Zusammenhang verwendet die Autorin das Wort „Messer"?
Aussprache		
	Folie 3 (S. 93 unten)	Schimpfwörter
Erlesen mit Aussprache		
		L: Was kannst du mit der Benutzung dieser Wörter beim Anderen anrichten?
Aussprache/Diskussion		
		L: Was will die Autorin mit ihrem Gedicht aussagen?
Aussprache	Tafel	Appell an den Leser, mit dem Wort so umzugehen, dass es nicht verletzt und zerstört.

IV. Sicherung

Zusammenfassung	Arbeitsblatt (S. 97)	
Kontrolle Lösungsblatt	Folie 4 (S. 98)	
Schüler lesen das Gedicht		Sinngestaltendes Lesen

V. Ausweitung

	Folie 5 (S. 96 unten)	Autorenporträt Hilde Domin
Aussprache	Folie 6 (S. 95/96)	Filmbeschreibung: Ich will dich – Begegnungen mit Hilde Domin
Erlesen mit Aussprache		
Zusammenfassung	DVD (95 Min.)	Ich will dich – Begegnungen mit Hilde Domin
Aussprache		

Ich will dich – Begegnungen mit Hilde Domin

Durch Zufall stößt die 26-jährige Filmemacherin Anna Ditges in einer Buchhandlung auf Hilde Domins ersten Gedichtband mit dem Titel ‚Nur eine Rose als Stütze'. Zutiefst bewegt von der Kraft und Klarheit der lyrischen Sprache der Domin, nimmt sie Kontakt zu der 95-Jährigen auf. Mit ihrer Kamera und einem Strauß Rosen macht sie sich auf den Weg nach Heidelberg, wo die Dichterin nach Jahren des Exils ein neues Zuhause gefunden hat.

Das Kennenlernen der beiden verläuft überraschend: Die Grande Dame der deutschen Nachkriegsliteratur, von Journalisten gefürchtet wegen ihrer Unzugänglichkeit und Arroganz, empfängt die junge unbekannte Filmemacherin mit Wohlwollen und Neugier. Gleich bei der ersten Begegnung zeigt Hilde Domin der filmenden Besucherin ihre Wohnung: die Wände voller Bücher, die hölzerne Taube, die einmal mit ihr begraben werden soll, die Fotos der drei wichtigsten, längst verstorbenen Menschen in ihrem Leben – und unzählige Rosen. Anna Ditges ist fasziniert: Für sie, die Hilde Domins Urenkelin sein könnte, verkörpert die ‚Zeitzeugin' ein Stück deutscher Kultur und Geschichte.

Über einen Zeitraum von zwei Jahren, bis zu ihrem Tod im Februar 2006, besucht die Filmemacherin Hilde Domin regelmäßig in Heidelberg, fährt mit ihr auf Lesereisen und in den Urlaub. Die Kamera wird zur ständigen Begleiterin der beiden ungleichen Frauen: Anna Ditges beobachtet den privaten und den beruflichen Alltag von Hilde Domin, filmt sie beim Schreiben, Telefonieren, Vogelfüttern und beim Modellsitzen für ein Portrait. Sie fragt, diskutiert, hakt nach und kommt auf diese Weise der Dichterin erstaunlich nah. Im Laufe ihrer ‚Begegnungen mit Hilde Domin' entwickelt sich – trotz des Altersunterschieds von fast siebzig Jahren – eine enge, nicht immer konfliktfreie Beziehung zwischen Filmemacherin und Protagonistin.Der Film ‚Ich will dich – Begegnungen mit Hilde Domin' eröffnet einen subjektiven, sehr konkreten Zugang zur Person und zum künstlerischen Schaffen der Dichterin. Der Zuschauer erlebt mit, wie sich die alte Dame an die Gesellschaft der jungen Frau gewöhnt: Schritt für Schritt verliert sie ihre anfängliche Kamerascheu und gewinnt Vertrauen.

Wichtige Stationen im Leben von Hilde Domin werden im Film erinnert und durch Zitate aus ihrem lyrischen Werk, ihren Prosatexten sowie den Fotografien aus ihren privaten Alben gegenwärtig gemacht: die Kindheit als Jüdin in Köln, die Studienzeit in Heidelberg, die Flucht vor Hitler und die folgenden 22 Jahre im Exil, die Rückkehr ins Nachkriegsdeutschland, der späte Ruhm. Allgegenwärtig in Domins Alltag wie im Film ist Erwin Walter Palm, die große Liebe ihres Lebens und ebenfalls ein Dichter. Er starb 1988, doch sein Name steht weiterhin auf dem Klingelschild. Wenn Hilde von Erwin spricht, erfährt der Zuschauer viel über sie selbst: Wunde Punkte wie die Rivalitäten in ihrer langjährigen Ehe, ihre Kinderlosigkeit und ihre Einsamkeit im Alter kommen zur Sprache.

Heimat, Identität, Liebe, Verlust – zentrale Themen in Domins Gedichten, die auch der Film aufgreift. In Köln, der ‚versunkenen Stadt', steigt Hilde Domin mit 95 Jahren noch einmal die Treppen des Gründerzeithauses empor, in dem sie groß wurde: mit katholischem Kinderfräulein an der Hand, Goethe unter der Bettdecke und sozialdemokratischen Genossen im Herrenzimmer. Aus der Geborgenheit dieses ersten Zuhauses schöpfte Domin die ‚Kraft des Dennoch', dank der sie 22 schwierige Jahre im Exil überlebte: ‚von einer Diktatur in die nächste', das ‚Selbstmordgift in der Tasche'. 1932 sah die politisch engagierte Studentin die Machtergreifung der Nazis voraus und emigrierte mit Erwin Walter Palm nach Rom. Aus Furcht vor den italienischen Faschisten sah sich das junge Paar 1939 gezwungen, weiter zu fliehen: über London bis in die Dominikanische Republik, wo der Diktator Trujillo europäischen Juden Asyl gewährte. Dort schrieb die 42-Jährige ihr erstes Gedicht. Es war die Geburtsstunde der Hilde Domin, der Dichterin ‚mit dem Namen einer Insel', die ihr zur zweiten Heimat wurde. Die Sehnsucht nach der Sprache, nach einer ‚Heimkehr ins Wort' trieb sie 1954 zurück nach Deutschland.

In Hilde Domins Schilderungen offenbaren sich zwiespältige Empfindungen und private Katastrophen, von denen die Dichterin nie zuvor gesprochen hat. Ihr tiefes Vertrauen in die junge Autorin prägt auch die gemeinsamen Erlebnisse, welche Anna Ditges in nahen, kontrastreichen Bildern dokumentiert. So entsteht etwa beim Gang über den Heidelberger Friedhof eine Szene, deren Intensität nicht nur der erschöpften alten Frau, sondern auch dem Zuschauer den Atem verschlägt: In einer einzigen, bewegten Kameraeinstellung erleben wir Hilde Domins verzweifelte Suche nach dem Grab ihres Mannes.

An Silvester, auf der Schwelle zu ihrem letzten Lebensjahr, erreichen die Telefonanrufe der Dichterin niemanden mehr. Die Nummern in ihrem Adressbuch gehören zu Menschen, die sie längst überlebt hat. Doch nicht alle ‚Begegnungen' im Film sind schicksalhaft und schwer.

In einer Schlüsselszene des Films verfolgt die Kamera mit, wie der Bildhauer Thomas Duttenhoefer vor ehrfurchtsvollem Publikum eine Büste von Hilde Domin formt – eine Situation voll subtiler Ironie, dynamisch gestaltet durch die unkonventionelle Montagetechnik der Filmemacherin. Anna Ditges setzt drastische Aufnahmen bewusst gegen Momente stiller Teilnahme und humorvoller Beobachtung. Wechselnde Stimmungen reihen sich aneinander wie Erinnerungen, verbunden durch ein Gedicht, ein Bild, ein Gespräch – oder durch eine Rose, die in Domins Lyrik symbolisch für die Sprache steht und im Film zum zentralen Leitmotiv wird. ‚Ich will dich – Begegnungen mit Hilde Domin' ist der erste abendfüllende Dokumentarfilm einer jungen Filmemacherin. Durch die hartnäckige Auseinandersetzung mit ihrer Protagonistin gelingt Anna Ditges ein intimes Portrait der Grande Dame der deutschen Nachkriegsliteratur. Sie zeigt Hilde Domin, wie sie sie erlebt hat: sensibel, schroff und eigenwillig, eine Egozentrikerin mit bissigem Humor und voller Charme – und zunehmend liebevoll gegenüber der jungen Frau mit der Kamera.

Aus: Ich will dich © Anna Ditges, Köln 2007

Folie 5

Hilde Domin

Sie wurde am 27. Juli 1909 in Köln als Tochter eines jüdischen Rechtsanwalts geboren. In Köln besuchte sie ein humanistisches Gymnasium und machte 1929 ihr Abitur. In Heidelberg, Köln und Berlin studierte sie zunächst Jura, dann Nationalökonomie, Soziologie und Philosophie. Ihre wichtigsten Lehrer waren Karl Jaspers und Karl Mannheim. Im Oktober 1932 emigrierte Hilde Domin zusammen mit Erwin Walter Palm, den sie 1936 heiratete, nach Rom. In Florenz promovierte Hilde Domin mit einer Arbeit über „Pontanus als Vorläufer von Macchiavelli" zum Dr. rer.pol. Bis 1939 war Hilde Domin als Lehrerin für Sprachen in Rom beschäftigt. 1939 floh sie nach England, wo ihre Eltern lebten. 1939/1940 unterrichtete sie am St. Aldwyn's College in Minehead/Somerset. 1940 verließ sie mit ihrem Mann England und lebte bis 1954 im Exil in der Dominikanischen Republik. In dieser Zeit war sie vorwiegend als Mitarbeiterin ihres Mannes, als Übersetzerin und Architektur-Fotografin tätig.

Von 1948 bis 1952 lehrte sie als Dozentin für Deutsch an der Universität von Santo Domingo. Noch in Lateinamerika begann Hilde Domins Leben als Schriftstellerin. 1954 kehrte das Ehepaar Palm wegen Berufung ihres Mannes an die Universität Heidelberg nach Deutschland zurück. Damals wählte Hilde Domin den Namen „Domin" (nach Santo Domingo) für sich. Ab 1957 veröffentlichte sie ihre Verse in Zeitschriften. 1959 erschien mit „Nur eine Rose als Stütze" ihr erster Gedichtband. Innerhalb von wenigen Jahren avancierte Hilde Domin zu einer der bedeutendsten deutschen Lyrikerinnen. Ihre Werke wurden bisher in 22 Sprachen übersetzt. Seit 1961 lebte sie in Heidelberg als freie Schriftstellerin, wo sie am 22. Februar 2006 im Alter von 96 Jahren starb.

Hilde Domin erhielt zahlreiche Auszeichnungen. Dazu gehörten der Dehmel-Literaturpreis (1968), der Meersburger Droste-Preis (1971), die Heine-Medaille (1972), die Roswitha-Gedenkmedaille (1974), der Rainer Maria Rilke-Preis (1976), der Nelly Sachs-Preis (1983), das Bundesverdienstkreuz 1. Klasse (1983), die Richard Benz-Medaille (1983), das Verdienstkreuz des Landes Nordrhein-Westfalen (1988), die Verdienstmedaille des Landes Baden-Württemberg (1990), den Friedrich Hölderlin-Preis (1992), den 1. Heidelberger Preis für Exilliteratur (1992), die Carl Zuckmayer-Medaille (1992), den Sinsheimer-Preis der Stadt Freinsheim (1993), die Ehrenprofessur des Landes Baden-Württemberg (1993), das Große Bundesverdienstkreuz (1993), den Literaturpreis der Konrad Adenauer-Stiftung (1995), den Jakob Wassermann-Literaturpreis (1999), den Staatspreis des Landes Nordrhein-Westfalen (1999), die Bürgermedaille der Stadt Heidelberg (1999) und die Verleihung des Ehrenbürgerrechts der Stadt Heidelberg (2004).

Hilde Domin war Mitglied des deutschen PEN-Zentrums, der Deutschen Akademie für Sprache und Dichtung, Ehrenmitglied der Heinrich Heine-Gesellschaft, der American Association of Teachers of German und der Akademie gemeinnütziger Wissenschaften zu Erfurt.

Unaufhaltsam
(Hilde Domin)

Unaufhaltsam

I Das eigene Wort,
wer holt es zurück,
das lebendige
eben noch ungesprochene
Wort?

II Wo das Wort vorbeifliegt
verdorren die Gräser,
werden die Blätter gelb,
fällt Schnee.
Ein Vogel käme dir wieder.
Nicht dein Wort,
das eben noch ungesagte,
in deinen Mund.
Du schickst andere Worte
hinterdrein,
Worte mit bunten, weichen Federn.
Das Wort ist schneller,
das schwarze Wort.
Es kommt immer an,
es hört nicht auf, an-
zukommen.

III Besser ein Messer als ein Wort.
Ein Messer kann stumpf sein.
Ein Messer trifft oft
am Herzen vorbei.
Nicht das Wort.

IV Am Ende ist das Wort,
immer
am Ende
das Wort.

❶ Was bedeutet die Überschrift „Unaufhaltsam"?

❷ Was meint die Autorin mit dem Begriff „schwarzes Wort"?

❸ Wo das „schwarze Wort" vorbeifliegt, bringt es Unheil. Wie verdeutlicht das Hilde Domin?

❹ Warum ist das „schwarze Wort" schlimmer als ein Messer?

❺ Welche „schwarzen Wörter" benutzt du?

❻ Was kannst du mit ihrer Benutzung anrichten?

❼ In der letzten Strophe steckt die Aussage der Autorin, die zum Nachdenken über die Sprache anregen will.

Lit | Lösung

Unaufhaltsam
(Hilde Domin)

Unaufhaltsam

I Das eigene Wort,
   wer holt es zurück,
   das lebendige
   eben noch ungesprochene
   Wort?

II Wo das Wort vorbeifliegt
    verdorren die Gräser,
    werden die Blätter gelb,
    fällt Schnee.
    Ein Vogel käme dir wieder.
    Nicht dein Wort,
    das eben noch ungesagte,
    in deinen Mund.
    Du schickst andere Worte
    hinterdrein,
    Worte mit bunten, weichen Federn.
    Das Wort ist schneller,
    das schwarze Wort.
    Es kommt immer an,
    es hört nicht auf, an-
    zukommen.

III Besser ein Messer als ein Wort.
     Ein Messer kann stumpf sein.
     Ein Messer trifft oft
     am Herzen vorbei.
     Nicht das Wort.

IV Am Ende ist das Wort,
    immer
    am Ende
    das Wort.

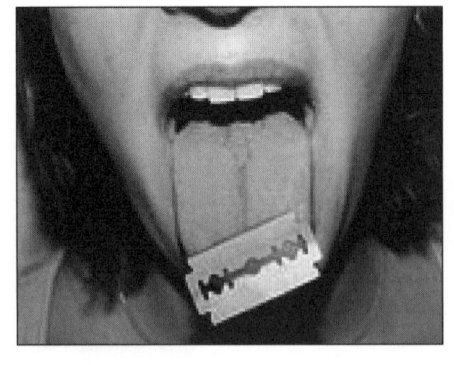

❶ Was bedeutet die Überschrift „Unaufhaltsam"?
Die Überschrift wirkt eigenartig bedrohlich und bezieht sich auf das Wort, das in keinem Fall mehr zurückgeholt und zurückgenommen werden kann, wenn es einmal ausgesprochen ist.

❷ Was meint die Autorin mit dem Begriff „schwarzes Wort"?
Darunter versteht sie Wörter, die beleidigend, verletzend und zerstörend wirken, z. B. schlimme Schimpfwörter, die den Mitmenschen diskriminieren.

❸ Wo das „schwarze Wort" vorbeifliegt, bringt es Unheil. Wie verdeutlicht das Hilde Domin?
Unheilbringendes wird durch Bilder aus der Natur verdeutlicht, z. B. Gräser verdorren, Blätter werden gelb und Schnee fällt.

❹ Warum ist das „schwarze Wort" schlimmer als ein Messer?
„Schwarze Wörter" treffen immer. Sie sind sehr schnell, gelangen sofort ins Herz und verfehlen ihr Ziel nie. Sie töten blitzschnell und oft unwiderruflich Gefühle, Beziehungen und Verbindungen.

❺ Welche „schwarzen Wörter" benutzt du?
Depp, Idiot, Rindvieh, Arsch, Sau, blöde Kuh, Zicke, Fettsack, dummer Hund

❻ Was kannst du mit ihrer Benutzung anrichten?
Ich zerstöre Familie, Freundschaften und Beziehungen und ruiniere dabei mein Ansehen und das anderer.

❼ In der letzten Strophe steckt die Aussage der Autorin, die zum Nachdenken über die Sprache anregen will.
Die letzte Strophe hat einen resignierenden Beiklang. Alle Dinge enden im Wort, im Reden, wobei dieses Ende nur zu oft Zerstörung bedeutet. Damit ist aber auch der Appell verbunden, mit Worten so umzugehen, dass sie nicht verletzen. Hilde Domin will, dass wir lernen, ein Gefühl der Verantwortung im Umgang mit der Sprache zu entwickeln.

Günter Grass: Kinderlied

Lerninhalte:
- Kennenlernen des Gedichts „Kinderlied" von Günter Grass
- Wissen um den formalen Aufbau des Gedichtes
- Beurteilung der Fragen und Antworten (Stilmittel)
- Herausfinden einer tieferen Sinnebene
- Vergleich mit den üblichen Kinderliedern
- Herausfinden der Aussage des Autors

Arbeitsmittel / Medien:
- Arbeitsblatt
- Bild für die Tafel: „Sang und Klang fürs Kinderherz"
- CD: Kinderlieder (beliebig)
- Folie 1: Gedicht „Kinderlied"
- Folie 2: Struktur des Gedichtes
- Folie 3: Lösungsblatt
- Folie 4: Kurzbiografie Günter Grass

Folie 2

Struktur des Gedichts

lachen ⇨
verboten
macht
Verdacht

spielen ⇨
muss an die Wand
hat sich die Hand
verbrannt

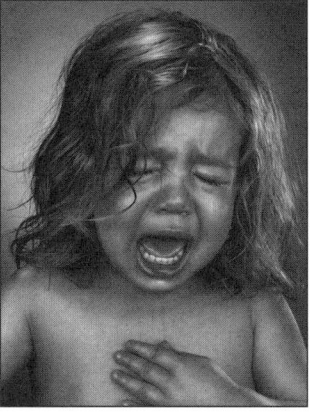

weinen ⇨
verboten
hat Gründe zum
Weinen

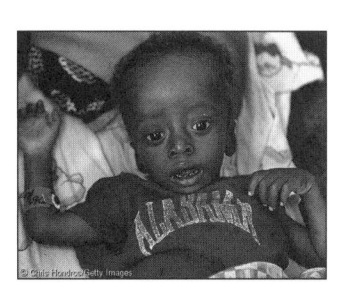

sterben ⇨
ist abgeworben
wer unverdorben ist,
ist ohne Grund
verstorben

reden / schweigen ⇨
wird angezeigt
verschweigt seine
Gründe

Verlaufsskizze

I. Hinführung

Stummer Impuls	Tafel (S. 101)	Bild: Sang und Klang fürs Kinderherz
	CD	Kinderlied (beliebig)
Aussprache		
Überleitung		L: Kennenlernen eines Gedichts, das mit dieser Thematik zu tun hat.
Zielangabe	Tafel	*Kinderlied (Günter Grass)*

II. Begegnung mit dem Gedicht

Lehrervortrag	Folie 1 (S. 103 oben)	Gedicht: Kinderlied
Schüler lesen mit Spontanäußerungen		

III. Arbeit am Gedicht

Schüler lesen Gedicht	Folie 1 (S. 103 oben)	
Impuls		L: Formaler Aufbau?
Aussprache	Tafel	Fünf Strophen; Vierzeiler; jambische Dreiheber; durchgehender Reim außer in 3. Strophe (zwei Reimpaare)
Leitfrage		L: Was deutet auf ein Kinderlied hin?
Aussprache	Tafel	Der Titel deutet mehr auf eine Gedichtart hin. Grass übernimmt dabei Elemente eines Kinderliedes wie durchgehender Strophenreim, Spiel mit Wörtern, einfacher Satzbau, Wiederholung von Frage und Antwort.
Impuls		L: Einiges passt nicht zum Titel des Gedichts.
Aussprache	Tafel	Grass will mit diesem Titel provozieren. Adressaten sind am allerwenigsten Kinder.
Arbeitsauftrag Gruppenarbeit		L: Untersucht die Fragen und Antworten des Gedichts. Kann man eine tiefere Sinnebene finden?
Zusammenfassung	Folie 2 (S. 99 unten)	Struktur des Gedichts
	Tafel	Die Fragen sind verfremdet und wirken bedrohlich. In jeder Frage schwingt ein Verbot mit. Es ist der Ton der Kommandosprache, knapp und schrill und keinen Widerspruch duldend. Die Antworten sprechen Drohungen aus. Lachen, weinen, sprechen, schweigen und spielen sind Verstöße gegen eine nicht näher bekannte Ordnung, die massiv bestraft werden.
		L: Aussage des Verfassers?
Aussprache		
Zusammenfassung	Tafel	Das Gedicht wirkt makaber, wenn man es als Kinderlied sieht. Vielleicht ist das Gedicht auch als Warnung gedacht vor einer Gesellschaft, in der diese kindlichen Reaktionen als Delikte aufgefasst und mit Verboten und Strafen geahnet werden. Diese Gesellschaft ist dann höchst inhuman und kinderfeindlich. Sind wir auf dem Weg zu solch einer Gesellschaft?

IV. Sicherung

Zusammenfassung	Arbeitsblatt (S. 103)	
Kontrolle Lösungsblatt	Folie 3 (S. 104)	
Schüler lesen das Gedicht		Sinngestaltendes Lesen

V. Ausweitung

	Folie 4 (S. 102)	Kurzbiografie Günter Grass
Aussprache		

SANG und KLANG

FÜR'S

KINDERHERZ

Günter Grass

Am 16. Oktober 1927 wird Günter Grass in Danzig als Sohn einer kaufmännischen Familie geboren. Die Einberufung zum Luftwaffenhelfer erfolgt 1944. Bis 1946 bleibt Grass in amerikanischer Gefangenschaft. 1947 absolviert er eine Steinmetzlehre in Düsseldorf, von 1948 bis 1952 studiert er Grafik und Bildhauerei an der Düsseldorfer Kunstakademie. Von 1953 bis 1956 ist Grass Schüler der Hochschule für Bildende Künste in Berlin bei dem Bildhauer Karl Hartung. Anschließend folgen erste Ausstellungen von Plastiken und Grafiken in Stuttgart und Berlin-Tempelhof. Daneben beginnt Grass schriftstellerisch tätig zu werden. In den ersten Jahren entstehen vor allem Kurzprosa, Gedichte und Theaterstücke, die nach seiner Aussage dem poetischen oder absurden Theater zuzuordnen sind. Sein Theaterstück „Onkel, Onkel" wird 1958 in Köln uraufgeführt. Er bekommt den Preis der „Gruppe 47" für sein Manuskript „Die Blechtrommel" verliehen. Der Roman „Die Blechtrommel" begründet den schriftstellerischen Erfolg von Günter Grass. 1979 wird dieser Roman verfilmt. 1961 erscheint die Novelle „Katz und Maus". Auch dieses Werk wird verfilmt (1966). Der Roman „Hundejahre" folgt 1963. Alle drei Werke („Danziger Trilogie") zeichnen sich durch exzessive und provokative Sprache aus. Grass beteiligt sich 1965, 1969 und 1972 an Wahlkampftourneen für die SPD, deren Mitglied er von 1982 bis 1993 ist. Daneben äußert Grass sich immer wieder in offenen Briefen oder Reden zu politischen Themen, wodurch er sich über seine schriftstellerische Tätigkeit hinaus Gehör in der Öffentlichkeit verschafft. 1966 erscheint „Die Plebejer proben den Aufstand", 1969 „Davor" und „Örtlich betäubt". Diese Romane sind von seinem politischen Engagement geprägt. Weiter beteiligt sich Grass an öffentlichen Protestaktionen in Ost und West gegen die Notstandsgesetze, den „autoritären Klerikalismus", die „reaktionäre Bundespolitik" und die „Unterdrückung der Freiheit in der DDR". 1968 wird das Buch „Briefe über die Grenze", ein Dialog zwischen dem tschechischen Schriftsteller Pavel Kohout und Grass zum Thema „Prager Frühling" veröffentlicht. Nach Erscheinen der Erzählung „Aus dem Tagebuch einer Schnecke", die den Bundestagswahlkampf 1969 beschreibt, zieht sich Grass vorerst aus dem politischen Leben zurück. 1977 folgt die Veröffentlichung des Romans „Der Butt", der seinen internationalen Ruf als Epiker unterstreicht. 1983 ist Grass Mitunterzeichner des „Heilbronner Manifest", in dem Schriftsteller, Künstler und Wissenschaftler wegen der Stationierung der Pershing-2-Raketen öffentlich zur Wehrdienstverweigerung aufrufen. 1986 wird das Prosawerk „Die Rättin" veröffentlicht, das ein „apokalyptisches Feature über den Selbstmord der Menschheit" zeichnet. Der Stoff wird 1997 verfilmt. 1989 tritt Grass aus der Akademie der Künste aus, weil diese aus Sicherheitsgründen eine Solidaritätsveranstaltung für Salman Rushdie verweigert hatte. Drei Jahre später wird seine Erzählung „Unkenrufe" veröffentlicht, die sein Bemühen um die Versöhnung der Deutschen mit sich und den östlichen Nachbarn zeigt. Aus Protest gegen die Asylrechtsänderung tritt Grass 1993 aus der SPD aus. 1995 erscheint der Roman „Ein weites Feld", der in Berlin zwischen Mauerbau und Wiedervereinigung spielt und ein Panorama deutscher Geschichte von der Revolution 1848 bis zur Gegenwart zeichnet. Das Buch wird in der Öffentlichkeit stark diskutiert, was u. a. dazu führt, dass bereits nach acht Wochen die fünfte Auflage in Druck geht. Im Juli 1999 erfolgt die Publikation von „Mein Jahrhundert". Für jedes Jahr dieses Jahrhunderts setzt Grass eine Geschichte, die jeweils ihren eigenen Erzähler hat. Am 10. Dezember 1999 wird Günter Grass in Stockholm mit dem Literatur-Nobelpreis für sein Lebenswerk ausgezeichnet.

| Lit | Name: _____ | Datum: _____ |

Kinderlied
(Günter Grass)

Kinderlied

I Wer lacht hier, hat gelacht?
   Hier hat sich's ausgelacht.
   Wer hier lacht, macht Verdacht,
   daß er aus Gründen lacht.

II Wer weint hier, hat geweint?
    Hier wird nicht mehr geweint.
    Wer hier weint, der auch meint,
    daß er aus Gründen weint.

III Wer spricht hier, spricht und schweigt?
     Wer schweigt, wird angezeigt.
     Wer hier spricht, hat verschwiegen,
     wo seine Gründe liegen.

IV Wer spielt hier, spielt im Sand?
    Wer spielt, muß an die Wand,
    hat sich beim Spiel die Hand
    gründlich verspielt, verbrannt.

V Wer stirbt hier, ist gestorben?
   Wer stirbt, ist abgeworben.
   Wer hier stirbt, unverdorben,
   ist ohne Grund verstorben.

❶ **Was deutet auf ein Kinderlied hin?**
_____
_____
_____

❷ **Inwiefern ist es kein Kiederlied?**
_____
_____

❸ **Formaler Aufbau des Gedichts:**
_____
_____

❹ **Welche Fragen werden im Gedicht gestellt?
Wie wirken sie auf den Leser?**
_____
_____
_____

❺ **Welche Antworten werden gegeben? Was könnten sie bedeuten?**
_____
_____

① Lachen ⇨ _____
② Weinen ⇨ _____
③ Sprechen/Schweigen ⇨ _____
④ Spielen ⇨ _____
⑤ Sterben ⇨ _____

❻ **Was will Günter Grass mit seinem Gedicht beim Leser erreichen?**
_____
_____
_____

Lit | Lösung

Kinderlied
(Günter Grass)

Kinderlied

I   Wer lacht hier, hat gelacht?
    Hier hat sich's ausgelacht.
    Wer hier lacht, macht Verdacht,
    daß er aus Gründen lacht.

II Wer weint hier, hat geweint?
    Hier wird nicht mehr geweint.
    Wer hier weint, der auch meint,
    daß er aus Gründen weint.

III Wer spricht hier, spricht und schweigt?
    Wer schweigt, wird angezeigt.
    Wer hier spricht, hat verschwiegen,
    wo seine Gründe liegen.

IV Wer spielt hier, spielt im Sand?
    Wer spielt, muß an die Wand,
    hat sich beim Spiel die Hand
    gründlich verspielt, verbrannt.

V   Wer stirbt hier, ist gestorben?
    Wer stirbt, ist abgeworben.
    Wer hier stirbt, unverdorben,
    ist ohne Grund verstorben.

❶ **Was deutet auf ein Kinderlied hin?**
Der Titel deutet mehr auf eine Gedichtart hin. Grass übernimmt dabei Elemente eines Kinderliedes wie durchgehender Strophenreim, Spiel mit Wörtern, einfacher Satzbau, Wiederholung von Frage und Antwort.

❷ **Inwiefern ist es kein Kiederlied?**
Grass will mit diesem Titel provozieren. Adressaten sind am allerwenigsten Kinder.

❸ **Formaler Aufbau des Gedichts:**
Fünf Strophen; Vierzeiler; jambische Dreiheber; durchgehender Reim außer in 3. Strophe (zwei Reimpaare)

❹ **Welche Fragen werden im Gedicht gestellt? Wie wirken sie auf den Leser?**
Die Fragen sind verfremdet und wirken bedrohlich, es schwingt ein Verbot mit. Es ist der Ton der Kommandosprache, knapp und schrill und keinen Widerspruch duldend.

❺ **Welche Antworten werden gegeben? Was könnten sie bedeuten?**
Die Antworten sprechen Drohungen aus. Lachen, weinen, sprechen, schweigen und spielen sind Verstöße gegen eine nicht näher bekannte Ordnung, die massiv bestraft werden.

① Lachen ⇨ macht Verdacht ⇨ Anspielung auf totalitäre, absolutistische Herrschaftssysteme
② Weinen ⇨ Gründe für das Weinen ⇨ Bedeutung: Härte und Männlichkeit statt Emotion
③ Sprechen/Schweigen ⇨ Verschweigen der Gründe, Anzeige ⇨ Bedeutung: denunzieren
④ Spielen ⇨ muss an die Wand ⇨ Bedeutung: aussondern, isolieren, „erschießen"
⑤ Sterben ⇨ ist abgeworben ⇨ Bedeutung: Unverdorbenheit ist nutzlos und unerwünscht

❻ **Was will Günter Grass mit seinem Gedicht beim Leser erreichen?**
Das Gedicht wirkt makaber, wenn man es als Kinderlied sieht. Vielleicht ist das Gedicht auch als Warnung gedacht vor einer Gesellschaft, in der diese kindlichen Reaktionen als Delikte aufgefasst und mit Verboten und Strafen geahnet werden. Diese Gesellschaft ist dann höchst inhuman und kinderfeindlich. Sind wir auf dem Weg zu solch einer Gesellschaft?

Rainer Malkowski: Die Bücher

Lerninhalte:

- Kennenlernen des Gedichts „Die Bücher" von Rainer Malkowski
- Wissen um den formalen Aufbau des Gedichtes
- Erkennen der Wertschätzung, die der Autor Büchern entgegenbringt
- Erkenntnis, dass die Erfahrungs- und Erlebnisfülle von Büchern auch zur Selbstfindung führen kann
- Wissen um die Problematik des Verhältnisses von Literatur und Wirklichkeit
- Kennenlernen des Dichters

Arbeitsmittel / Medien:

- Arbeitsblatt
- Folie 1: Bücherregal mit Katze
- Folie 2: Gedicht „Die Bücher"
- Folie 3: Lösungsblatt
- Folie 4: Kurzbiografie Rainer Malkowski

Folie 1

Folie 4

Rainer Malkowski

Am 26. Dezember 1939 in Berlin geboren, brachte er es in jungen Jahren zum Geschäftsführer einer großen Werbeagentur, um auf dem Höhepunkt seiner beruflichen Karriere zu tun, wovon andere nur träumen: Er stieg aus. Oder besser: Er stieg ein, ließ sich ein auf die Existenz eines Lyrikers, „stolz darauf, das Nutzlose zu tun und etwas herzustellen, das keinen gesellschaftlich verfügten Zwecken dient". Dieser wahrhaft freie Schriftsteller war Mitglied der Bayerischen Akademie der Schönen Künste und der Akademie der Wissenschaften und der Literatur in Mainz. Im Jahr 1999 wurde sein lyrisches Gesamtwerk mit der Verleihung des Joseph-Breitbach-Preises gewürdigt. Am 1. September 2003 ist Rainer Malkowski gestorben, noch nicht ganz 64 Jahre alt.

Verlaufsskizze

I. Hinführung

Stummer Impuls	Folie 1 (S. 105 Mitte)	Bild: Bücherregal mit Katze
Aussprache		
Überleitung		L: Kennenlernen eines Gedichts, das mit Büchern zu tun hat.
Zielangabe	Tafel	*Die Bücher (Rainer Malkowski)*

II. Begegnung mit dem Gedicht

Lehrervortrag	Folie 2 (S. 107 oben)	Gedicht: Die Bücher
Schüler lesen mit Spontanäußerungen		

III. Arbeit am Gedicht

Schüler lesen Gedicht nochmals	Folie 2 (S. 107)	
Impuls		L: Formaler Aufbau?
Aussprache	Tafel	Keine Reime, oft unvollständige Sätze
Leitfrage		L: Die 5. Strophe nennt Gründe, warum Bücher wichtig sind. Was findet der Leser in ihnen?
Aussprache		
Zusammenfassung	Tafel	Aus Büchern sprechen Erfahrungswerte aus Jahrtausenden. Sie ermöglichen eine bessere Orientierung im Leben. Bücher bilden, können aber auch informieren und unterhalten.
Leitfrage		L: Wem wohnt die größere Kraft inne: der Wirklichkeit oder dem in Büchern gespeicherten Leben?
Aussprache		
Zusammenfassung	Tafel	Aus erster Hand lernen und reale Erfahrungen sammeln ist dann sinnvoll, wenn es praktizierbar ist. Aus Büchern kann man das Erfahrungswissen historischer Figuren entnehmen und rational wie emotional nachvollziehen. Beides ist gleichermaßen wichtig und lehrreich.
Leitfrage		L: Was will der Autor mit seinem Gedicht aussagen?
Aussprache		
Zusammenfassung	Tafel	Das Gedicht reflektiert das Verhältnis des Lesers zur Literatur. Indem der Leser sich die aufbewahrte Vergangenheit mit seinen Figuren, in denen zahllose Erfahrungen komprimiert sind, erschließt, ist es ihm möglich, sich selbst als Person zu werten und einzuordnen. Bücher sind für den Menschen existenziell wichtig. Allerdings ist ihre Marktposition aufgrund der Medienkonkurrenz gefährdet.

IV. Sicherung

Zusammenfassung	Arbeitsblatt (S. 107)	
Kontrolle Lösungsblatt	Folie 3 (S. 108)	
Schüler lesen das Gedicht		Sinngestaltendes Lesen

V. Ausweitung

	Folie 4 (S. 105 unten)	Kurzbiografie Rainer Malkowski
Erlesen Aussprache		

Die Bücher
(Rainer Malkowski)

Die Bücher

I Wenn ich sie frage,
antworten sie mir.

II Wenn ich stumm bin,
schweigen sie auch.

III Manchmal,
wenn ich den warmen
Regen schmecke,
verachte ich sie.
Was seid ihr, sage ich,
gegen die vor Erregung
geschwollene Erde
im April?

IV Und kein Schatten fällt
auf ihre Wirklichkeit,
wenn ich mich unter der Lampe
über sie beuge.

V Aber schon anderntags
weiß ich nicht mehr,
ob in ihnen oder
in mir
der heftigere
Herzschlag ist.

VI Flüsternd
nehme ich das Gespräch
wieder auf –
mit den sehr erfahrenen
alten Figuren,
deren Vergangenheit meine Zukunft
vollständig
enthält.

❶ **In welcher Beziehung stehen Bücher und Leser?**
_____
_____

❷ **Inwiefern muss der Leser beim Lesen selbst aktiv sein?**
_____
_____
_____
_____

❸ **Welchen Konflikt beschreibt die 3. Strophe?**
_____
_____
_____
_____

❹ **Wie geht der Konflikt aus?**
_____
_____
_____

❺ **Die 5. Strophe nennt Gründe, warum Bücher wichtig sind. Was findet der Leser in ihnen? Finde weitere Gründe.**
_____
_____
_____

❻ **Ist das Lernen aus der Realität oder das in Büchern gespeicherte Wissen wichtiger?**
_____
_____
_____

❼ **Was will der Autor mit seinem Gedicht aussagen?**
_____
_____
_____

Lit | Lösung

Die Bücher
(Rainer Malkowski)

Die Bücher

I Wenn ich sie frage,
   antworten sie mir.

II Wenn ich stumm bin,
   schweigen sie auch.

III Manchmal,
    wenn ich den warmen
    Regen schmecke,
    verachte ich sie.
    Was seid ihr, sage ich,
    gegen die vor Erregung
    geschwollene Erde
    im April?

IV Und kein Schatten fällt
   auf ihre Wirklichkeit,
   wenn ich mich unter der Lampe
   über sie beuge.

V Aber schon anderntags
   weiß ich nicht mehr,
   ob in ihnen oder
   in mir
   der heftigere
   Herzschlag ist.

VI Flüsternd
   nehme ich das Gespräch
   wieder auf –
   mit den sehr erfahrenen
   alten Figuren,
   deren Vergangenheit meine Zukunft
   vollständig
   enthält.

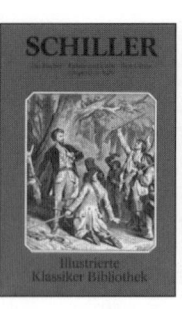

❶ **In welcher Beziehung stehen Bücher und Leser?**
Zwischen Leser und Buch baut sich eine oft spannungsgeladene, durch Fragen und Emotionen aufrechterhaltene Wechselbeziehung auf.

❷ **Inwiefern muss der Leser beim Lesen selbst aktiv sein?**
Lesen erfordert Energie, Konzentration und Zeit. Erst durch mein Aktivwerden erhalte ich aus Büchern Antwort. Dabei spielen Identifiktationsprozesse eine wesentliche, persönlichkeitsfördernde Rolle.

❸ **Welchen Konflikt beschreibt die 3. Strophe?**
Hier wird die Realität des Naturerfahrens kritisch der scheinbaren Realitätsferne der Bücher gegenübergestellt. Bücher werden unter diesem Aspekt misstrauisch angesehen.

❹ **Wie geht der Konflikt aus?**
Der Verfasser äußert in der vierten Strophe Zweifel an dieser Einstellung. In den nächsten Strophen nimmt die Bücher betreffende Wertschätzung kontinuierlich zu.

❺ **Die 5. Strophe nennt Gründe, warum Bücher wichtig sind. Was findet der Leser in ihnen? Finde weitere Gründe.**
Aus Büchern sprechen Erfahrungswerte aus Jahrtausenden. Sie ermöglichen eine bessere Orientierung im Leben. Bücher bilden, können aber auch informieren und unterhalten.

❻ **Ist das Lernen aus der Realität oder das in Büchern gespeicherte Wissen wichtiger?**
Aus erster Hand lernen und reale Erfahrungen sammeln ist dann sinnvoll, wenn es praktizierbar ist. Aus Büchern kann man das Erfahrungswissen historischer Figuren entnehmen und rational wie emotional nachvollziehen. Beides ist gleichermaßen wichtig und lehrreich.

❼ **Was will der Autor mit seinem Gedicht aussagen?**
Das Gedicht reflektiert das Verhältnis des Lesers zur Literatur. Indem der Leser sich die aufbewahrte Vergangenheit mit seinen Figuren, in denen zahllose Erfahrungen komprimiert sind, erschließt, ist es ihm möglich, sich selbst als Person zu werten und einzuordnen. Bücher sind für den Menschen existenziell wichtig. Allerdings ist ihre Marktposition aufgrund der Medienkonkurrenz gefährdet.

Walter Helmut Fritz: Kain

Lerninhalte:
- Kennenlernen des Gedichts „Kain" von Walter Helmut Fritz
- Wissen um die biblische Geschichte von Kain und Abel (1. Buch Mose 4, 1–16)
- Verstehen der symbolischen Bedeutung der Bibelgeschichte
- Herausfinden der Unterschiede zwischen dem biblischen und dem „modernen" Kain
- Verstehen der Intention des Verfassers
- Vergleich des Gedichts von Walter Helmut Fritz mit dem Gedicht von Magdalena Rüetschi

Arbeitsmittel / Medien:
- Arbeitsblatt
- Bild für die Tafel: Kain erschlägt Abel. Holzschnitt (Albrecht Dürer)
- Folie 1: Gedicht „Kain"
- Folie 2: Kain und Abel (1. Buch Mose 4, 1–16), Bilder von Gustave Doré (1865)
- Folie 3: Gedicht „Kain, Abel" (Magdalena Rüetschi)
- Folie 4: Lösungsblatt
- Folie 5: Mord als Werkzeug der Evolution? (Carl Sagan)
- Folie 6: Kurzbiografie Walter Helmut Fritz

Folie 6

Walter Helmut Fritz

Er ist am 26. August 1929 in Karlsruhe geboren und stammt aus einer Architektenfamilie. Er wächst in Waldprechtsweier (Schwarzwald), Rastatt und Karlsruhe auf. Nachdem er im Jahre 1949 sein Abitur abgelegt hat, studiert er bis 1954 Literaturwissenschaft, Philosophie und neuere Sprachen an der Universität Heidelberg. Anschließend ist er als Gymnasiallehrer in Karlsruhe tätig. Seit 1964 ist er freier Schriftsteller. Anfangs lehrt er daneben zeitweise als Dozent an der Technischen Hochschule Karlsruhe. Von 1968 bis 1970 ist er Lektor im S. Fischer Verlag in Frankfurt am Main. Walter Helmut Fritz hat neben einigen Romanen und gelegentlichen Essays in erster Linie Lyrik veröffentlicht. Er gilt als Vertreter einer „stillen", lakonischen Form des Gedichts. Im Mittelpunkt steht dabei die nüchterne Schilderung von Natur- und Alltagsbeobachtungen, die häufig zur Illustration psychischer Zusammenhänge und Entwicklungen dient. Walter Helmut Fritz ist Mitglied des PEN-Zentrums der Bundesrepublik Deutschland, der Bayerischen Akademie der Schönen Künste in München, der Akademie der Wissenschaften und der Literatur in Mainz sowie der Deutschen Akademie für Sprache und Dichtung in Darmstadt. Er erhielt u. a. den Literaturpreis der Stadt Karlsruhe (1960), die Ehrengabe der Bayerischen Akademie der Schönen Künste (1962), ein Villa Massimo-Stipendium (1963), die Ehrengabe des Kulturkreises im Bundesverband der Deutschen Industrie e. V. (1973) und den Förderpreis Literatur zum Kunstpreis Berlin (1973), den Stuttgarter Literaturpreis (1982), den Georg-Trakl-Preis (1992) und den Großen Literaturpreis der Bayerischen Akademie der Schönen Künste (1995).

Folie 5

Mord als Werkzeug der Evolution?

Kain, der Ackerbauer und Erfinder? Der Gründer der Zivilisation? Es sei schwer, die Hypothese zu widerlegen, dass der Mensch selbst, durch Kampf gegen seinesgleichen, durch Ausrottung unterlegener Gruppen, das wichtigste Werkzeug der Selektion war, die eine rasche Weiterentwicklung der Gehirne bewirkte? Jene Mutanten, deren Aggressionen sich ungehemmt gegen Artgenossen richteten, führen beim ‚König der Tiere' – durch seine Intelligenz anderen Feinden relativ überlegen – zur weiteren Evolution? Tötung innerhalb der eigenen Art zur Vermeidung von Überpopulation? Begrenzte Tötung biologisch tragbar? So wurde der Mensch sich selbst zum Feind?

Carl Sagan: The Dragons of Eden, New York 1977

Verlaufsskizze

I. Hinführung
Stummer Impuls　　　　　　Tafel (S. 111)　　　　　Bild: Kain erschlägt Abel (Albrecht Dürer, 1511)
Aussprache
Überleitung　　　　　　　　　　　　　　　　　　L: Kennenlernen eines Gedichts, das mit Ereignis zu tun hat.

Zielangabe　　　　　　　　Tafel　　　　　　　　　*Kain (Walter Helmut Fritz)*

II. Begegnung mit dem Gedicht
Lehrervortrag　　　　　　Folie 1 (S. 113 oben)　　Gedicht: Kain
Schüler lesen mit
Spontanäußerungen

III. Arbeit am Gedicht
Schüler lesen Gedicht
nochmals　　　　　　　　　Folie 1 (S. 113 oben)
　　　　　　　　　　　　　Folie 2 (S. 112)　　　　Kain und Abel (1. Buch Mose 4, 1–16)
Arbeitsauftrag　　　　　　　　　　　　　　　　　L: Das Gedicht bezieht sich auf die biblische Geschichte von Kain und Abel aus dem Alten Testament (1. Buch Mose 4, 1–16). Fasse sie kurz zusammen.

Stillarbeit
Zusammenfassung　　　　　Tafel
Leitfragen　　　　　　　　　　　　　　　　　　❶ Welchen Symbolgehalt hat die Bibelgeschichte um Kain und Abel? Was bleibt rätselhaft?
　　　　　　　　　　　　　　　　　　　　　　　❷ Wie sieht der Kain unserer Tage aus?
　　　　　　　　　　　　　　　　　　　　　　　❸ Welche Aussage will der Autor mit seinem Gedicht treffen?

Aussprache
Ergebnisse Arbeitsblatt

IV. Wertung
　　　　　　　　　　　　　Folie 3 (s. rechts)

Erlesen
Aussprache mit Vergleich

> Folie 3
>
> **Kain, Abel**
>
> Jede Sekunde
> die Geburt
> eines kleinen Kain
>
> jede Sekunde
> die Geburt
> eines kleinen Abel
>
> die Spannung
> zwischen
> todbös und todgut
> nimmt zu
>
> unter Blitzgefahr
> die Namenänderung die Lebenänderung
> vom wachen Leben Mensch
>
> nein ja.
>
> 　　　　　　　　Magdalena Rüetschi

V. Sicherung
Zusammenfassung　　　　　Arbeitsblatt (S. 113)
Kontrolle Lösungsblatt　　Folie 4 (S. 114)

VI. Ausweitung
Stummer Impuls　　　　　　Folie 5 (S. 109 unten)　Mord als Werkzeug der Evolution?
Erlesen mit Aussprache

　　　　　　　　　　　　　Folie 6 (S. 109 Mitte)　Kurzbiografie Walter Helmut Fritz
Erlesen mit Aussprache

Albrecht Dürer: Kain erschlägt Abel (1511)

Kain und Abel

Adam erkannte Eva, seine Frau; sie wurde schwanger und gebar Kain. Da sagte sie: Ich habe einen Mann vom Herrn erworben.

Sie gebar ein zweites Mal, nämlich Abel, seinen Bruder. Abel wurde Schafhirt und Kain Ackerbauer.

Nach einiger Zeit brachte Kain dem Herrn ein Opfer von den Früchten des Feldes dar; auch Abel brachte eines dar von den Erstlingen seiner Herde und von ihrem Fett. Der Herr schaute auf Abel und sein Opfer, aber auf Kain und sein Opfer schaute er nicht. Da überlief es Kain ganz heiß und sein Blick senkte sich.

Der Herr sprach zu Kain: Warum überläuft es dich heiß und warum senkt sich dein Blick? Nicht wahr, wenn du recht tust, darfst du aufblicken; wenn du nicht recht tust, lauert an der Tür die Sünde als Dämon. Auf dich hat er es abgesehen, doch du werde Herr über ihn!

Hierauf sagte Kain zu seinem Bruder Abel: Gehen wir aufs Feld!

Als sie auf dem Feld waren, griff Kain seinen Bruder Abel an und erschlug ihn.

Da sprach der Herr zu Kain: Wo ist dein Bruder Abel?

Er entgegnete: Ich weiß es nicht. Bin ich der Hüter meines Bruders?

Der Herr sprach: Was hast du getan? Das Blut deines Bruders schreit zu mir vom Ackerboden. So bist du verflucht, verbannt vom Ackerboden, der seinen Mund aufgesperrt hat, um aus deiner Hand das Blut deines Bruders aufzunehmen. Wenn du den Ackerboden bestellst, wird er dir keinen Ertrag mehr bringen. Rastlos und ruhelos wirst du auf der Erde sein.

Kain antwortete dem Herrn: Zu groß ist meine Schuld, als dass ich sie tragen könnte. Du hast mich heute vom Ackerland verjagt und ich muss mich vor deinem Angesicht verbergen; rastlos und ruhelos werde ich auf der Erde sein und wer mich findet, wird mich erschlagen.

Der Herr aber sprach zu ihm: Darum soll jeder, der Kain erschlägt, siebenfacher Rache verfallen.

Darauf machte der Herr dem Kain ein Zeichen, damit ihn keiner erschlage, der ihn finde.

Dann ging Kain vom Herrn weg und ließ sich im Land Nod nieder, östlich von Eden.

Gustave Doré: Abels Opfer (1865)

Gustave Doré: Der Tod Abels (1865)

1. Buch Mose 4, 1–16 (Genesis)

Kain
(Walter Helmut Fritz)

Kain

I Er geht nicht mehr
als Ackermann über die Felder,
braucht keine Keule.

II Er fragt nicht mehr
in anmaßender Weise,
ob er der Hüter sein sollte
seines Bruders.

III Er ist nicht
unstet und flüchtig.

IV Er trägt Masken,
dem eigenen Gesicht
aus dem Gesicht geschnitten.
Eine heißt Gleichgültigkeit.

❶ **Das Gedicht bezieht sich auf die biblische Geschichte von Kain und Abel aus dem Alten Testament (1. Buch Mose 4, 1–16). Fasse sie kurz zusammen.**

❷ **Welchen Symbolgehalt hat die Bibelgeschichte um Kain und Abel? Was bleibt rätselhaft?**

❸ **Wie sieht der Kain unserer Tage aus?**

❹ **Welche Aussage will der Autor mit seinem Gedicht treffen?**

Kain
(Walter Helmut Fritz)

Kain

I Er geht nicht mehr
als Ackermann über die Felder,
braucht keine Keule.

II Er fragt nicht mehr
in anmaßender Weise,
ob er der Hüter sein sollte
seines Bruders.

III Er ist nicht
unstet und flüchtig.

IV Er trägt Masken,
dem eigenen Gesicht
aus dem Gesicht geschnitten.
Eine heißt Gleichgültigkeit.

❶ Das Gedicht bezieht sich auf die biblische Geschichte von Kain und Abel aus dem Alten Testament (1. Buch Mose 4, 1–16). Fasse sie kurz zusammen.

Kain erschlägt seinen ahnungslosen Bruder Abel, weil dessen Opfer von Gott angenommen wurde, seines aber nicht. Kain wird zum rast- und ruhelosen Erdendasein verdammt, ewig geschützt durch das Kainsmal.

❷ Welchen Symbolgehalt hat die Bibelgeschichte um Kain und Abel? Was bleibt rätselhaft?

Konkurrenzdenken, Eifersucht, Hass, Missgunst und mörderische Gewalt entstehen mit der Geburt von Kain und Abel. Es kommt zum ersten Brudermord der Menschheitsgeschichte, der sich bis heute unzählige Male wiederholt hat. Die Geschichte provoziert anklagende Rückfragen an Gott. Warum er Abels Schafe den Feldfrüchten Kains vorzieht, bleibt ungeklärt. Diese rätselhaft-dunkle Seite Gottes zeigt die Ambivalenz alttestamentlicher Gotteswahrnehmung.

❸ Wie sieht der Kain unserer Tage aus?

Kain ist kein aggressiver Brudermörder mehr, sondern der moderne Jedermann, ein Anonymus des Massenzeitalters, teilnahmslos, opportunistisch, egoistisch und charakterlos gleichgültig. Anstelle der Keule tritt die Waffe der Gleichgültigkeit als Grundhaltung des Gegenwartmenschen.

❹ Welche Aussage will der Autor mit seinem Gedicht treffen?

Das Gedicht lässt uns nach Gründen und Abgründen des Bösen fragen, die in jedem von uns stecken. Kain erschlägt Abel und in der nächsten Runde Abel den Kain. Wer heute Kain ist, kann morgen schon Abel sein – ein mit ständig wechselnden politischen und sozialen Verhältnissen immer wieder neu aufflackernder Mord und Totschlag. Der Appell des Autors, der Gleichgültigkeit der Masse Humanität und Mitgefühl entgegenzusetzen, verhallt zumeist ungehört, denn Kain regiert die Welt. Kain ist unter uns, mit uns, in uns und gegen uns. Kain, das ist der alltägliche Wahn unserer Welt. Kain hat in sich das Mitleid, die Fähigkeit zur Nächstenliebe und die Solidarität erschlagen.

Günter Bruno Fuchs: Der Irre ist gestorben

Lerninhalte:

- Kennenlernen des Gedichts „Der Irre ist gestorben" von Günter Bruno Fuchs
- Wissen um den formalen Aufbau des Gedichtes
- Beschreiben und Beurteilen des Verhaltens des „Irren"
- Erkennen der Außenseiterproblematik des Gedichts
- Erkennen, welche Rolle der „Irre" in unserer Gesellschaft spielt
- Herausfinden der Aussage des Verfassers

Arbeitsmittel / Medien:

- Arbeitsblatt
- Bild für die Tafel: „Penner"
- Folie 1: Gedicht „Der Irre ist gestorben"
- Folie 2: Bilder: Außenseiter der Gesellschaft
- Folie 3: Lösungsblatt
- Folie 4: Kurzbiografie Günter Bruno Fuchs

Folie 2

Verlaufsskizze

I. Hinführung
Stummer Impuls	Tafel (S. 118)	Bild: „Penner"
Aussprache		
Überleitung		L: Kennenlernen eines Gedichts, in welchem ein Außenseiter eine Rolle spielt.
Zielangabe	Tafel	*Der Irre ist gestorben (Günter Bruno Fuchs)*

II. Begegnung mit dem Gedicht
Lehrervortrag	Folie 1 (S. 119 oben)	Gedicht: Der Irre ist gestorben
Schüler lesen mit Spontanäußerungen		

III. Arbeit am Gedicht
Schüler lesen Gedicht nochmals	Folie 1 (S. 119 oben)	
Leitfrage		L: Was für ein Mensch ist der Irre? Wie reagiert die Gesellschaft auf ihn?
Aussprache		
Zusammenfassung	Tafel	Das Gedicht erzählt von einem Außenseiter der Gesellschaft, der nicht angepasst ist. Er kann nicht richtig grüßen, aber Märchen erzählen und den Kindern aus Zeitungspapier eine Krone falten. Ein liebenswerter Narr, der Tiere achtet und seinen Hut vor Hunden zieht. Er richtet Friedensappelle an die Welt, aber niemand nimmt ihn ernst. Sein Tod ist der Presse nur eine kurze Notiz wert.
Leitfrage		L: Ist der Irre wirklich irr?
Aussprache		

IV. Wertung
Leitfrage		L: Was will der Verfasser aussagen?
Vermutungen		
Stummer Impuls	Folie 2 (S. 115)	Bilder: Außenseiter der Gesellschaft (Alkoholiker, Drogensüchtige, Alte, Kriminelle, Arbeitslose)
Aussprache		
Zusammenfassung	Tafel	Der „Irre" ist ein Gegenbild zum Menschen unserer Gesellschaft, der erfolgsorientiert, angepasst, konsumbewusst und normentreu lebt. Der Autor will unseren Blick schärfen und uns zum Nachdenken über unser gesellschaftliches Verhalten bringen. Wir haben uns zu fragen, warum so viele Menschen in unserer Gesellschaft zu Außenseitern werden und sich dann oft selbst aufgeben. Wie gehen wir mit solchen Menschen um? Die Antwort muss in einem gesellschaftlichen Umdenken liegen.

V. Sicherung
Zusammenfassung	Arbeitsblatt (S. 119)	
Kontrolle Lösungsblatt	Folie 3 (S. 120)	
Schüler lesen das Gedicht		Sinngestaltendes Lesen

VI. Ausweitung
	Folie 4 (S. 117)	Kurzbiografie Günter Bruno Fuchs
Aussprache		

Günter Bruno Fuchs

Er wurde am 3. Juli 1928 in Berlin geboren und in kleinen Verhältnissen aufgewachsen, erlebte er in seinen frühen Jahren den NS-Staat und den Bombenkrieg. Er war in den letzten Kriegsmonaten noch Soldat der zusammenbrechenden Wehrmacht und geriet für einige Monate in belgische Kriegsgefangenschaft. In der Nachkriegszeit schlug er sich mit Gelegenheitsarbeiten durch und studierte an der Berliner Hochschule für bildende Künste. Anschließend war er Schulhelfer im kommunistischen Ost-Sektor der Stadt, Clown bei einem Wanderzirkus, Zechenarbeiter im Ruhrgebiet und ab 1952 Grafiker im südwestdeutschen Reutlingen. In diese Zeit fallen seine ersten literarischen Veröffentlichungen, die er oft mit eigenen Illustrationen, Holzschnitten und Zeichnungen ausstattete.

Nach der Rückkehr 1957 nach Berlin gründete er mit einigen anderen Künstlern 1958 die Hinterhof-Galerie „Zinke" („Zinke" meint hier ein gaunersprachliches Schrift-Bild-Zeichen und symbolisiert die marginale Position der Gruppe im Verhältnis zum Kunst- und Literaturbetrieb der Adenauer-Zeit), der ein Pressendruck angeschlossen war, in der die „Rixdorfer Drucke" erschienen. Seine künstlerischen und literarischen Arbeiten erschienen also zunächst in sehr kleinen Auflagen als schön ausgestattete Privatdrucke, die heute für teures Geld in den Antiquariaten angeboten werden. Wenngleich seine späteren Texte im angesehenen Carl-Hanser-Verlag in München erschienen, erreichte er doch nie ein größeres Publikum, dafür galten seine Arbeiten sowohl der Raffke-Mentalität des deutschen Wirtschaftswunders wie auch den politisch bewussten Lesern nach 1967 als zu skurril. So blieb er ein Künstler für Liebhaber, der hauptsächlich andere Künstler – Grafiker wie Schriftsteller – beeinflusst hat. Eine wissenschaftliche Auseinandersetzung mit seinem Werk findet kaum statt.

Fuchs, der zeitlebens ein starker Trinker war und daraus auch nie einen Hehl machte – er schrieb „Trinkermeditationen" und einen „Kreuzberger Kneipentraum" – starb am 19. April 1977 in seiner Heimatstadt Berlin.

Als literarischer Außenseiter hat Fuchs zeitlebens Außenseiterthemen bevorzugt. Als „Großstadtromantiker" hatte er einen Blick für die abgelegenen, vergessenen und ungleichzeitigen Winkel der schwer kriegsbeschädigten ehemaligen Metropole Berlin entwickelt, Kreuzberger Hinterhöfe etwa, die er mit Leierkastenmännern ausstattete. Und er hatte ein offenes Ohr für die Stimmenvielfalt der Stadt Berlin, die zu seiner Zeit eine abgelegene, dann, seit 1961, eingemauerte Insel inmitten des hermetisch angeschlossenen Ostblocks und vom Westen aus nur über einige streng kontrollierte Eisenbahn- und Straßenverbindungen erreichbar war. Liebevoll wusste er die Stimmen der einfachen Leute nachzuahmen, sarkastisch den Obrigkeitston der Polizisten und Politiker zu persiflieren.

Er war ein Meister der kleinen literarischen Formen und beherrschte die in der deutschen Literatur traditionsreichen Textsorten der Kalendergeschichte, der Legende, der Anekdote, der Fibel- und Lesebuchgeschichte, des einfachen Berichts virtuos. Seine kleinen Texte waren im unmittelbaren Wortsinn einfache Formen, da sie nicht zusammengesetzt waren. Das wird gerade an seinen größeren Prosaarbeiten deutlich. „Krümelnehmer oder 34 Kapitel aus dem Leben des Tierstimmenimitators Ewald K", „Bericht eines Bremer Stadtmusikanten" und „Der Bahnwärter Sandomir", die zwischen 1963 und 1971 veröffentlicht wurden, sind allenfalls aufgrund ihres relativen Umfangs als Romane anzusprechen, werden aber entgegen der Konvention nicht im Untertitel mit dieser Gattungsbezeichnung bedacht und folgen auch kaum allfälligen Regeln der Gattung Roman. Sie erscheinen vielmehr aus einzelnen kleineren Texten zusammengesetzt, die gewiss auch einzeln und mit einer Gattungsbezeichnung aus dem Arsenal der kleinen Formen erscheinen könnten, teilweise übrigens auch erschienen sind.

Fuchs war Ehrenmitglied im Neuen Friedrichshagener Dichterkreis. 1957 erhielt er den Kunstpreis der Jugend von der Kunsthalle Baden-Baden. Ab 1971 war er Mitglied des P.E.N.-Zentrums Deutschland.

Universitetet i Tromsø © Marie-Therese Federhofer/Michael Schmidt

Bild für die Tafel

Hubert Albus: Gedichte © Brigg Pädagogik Verlag GmbH, Augsburg

Der Irre ist gestorben
(Günter Bruno Fuchs)

Der Irre ist gestorben

I Im Wartesaal, wenn die Züge
Verspätung hatten,
erzählte er Märchen aus Tausend-
und einer Nacht.

II Er verstand es nie,
richtig zu grüßen. Auf Guten Tag
sagte er immer: Vielleicht.

III Man weiß: er zog seinen Hut
vor den Hunden.
Seine Königskrone aus Zeitungspapier
trugen die Kinder nach Hause.

IV Der Fünfzeiler im Ortsteil der Zeitung
schloss mit den Worten: Es war
seine letzte Nacht,
als er im Park auf den Baum stieg.

V Gerüchte gehen, er habe vergessen
sich festzuhalten,
als er den Friedensappell
an die Welt sprach.

❶ **Was für ein Mensch ist der Irre? Wie reagiert die Gesellschaft auf ihn?**

❷ **Ist der Irre wirklich irr?**

❸ **Was will der Verfasser aussagen?**

Lit Lösung

Der Irre ist gestorben
(Günter Bruno Fuchs)

Der Irre ist gestorben

I Im Wartesaal, wenn die Züge
Verspätung hatten,
erzählte er Märchen aus Tausend-
und einer Nacht.

II Er verstand es nie,
richtig zu grüßen. Auf Guten Tag
sagte er immer: Vielleicht.

III Man weiß: er zog seinen Hut
vor den Hunden.
Seine Königskrone aus Zeitungspapier
trugen die Kinder nach Hause.

IV Der Fünfzeiler im Ortsteil der Zeitung
schloss mit den Worten: Es war
seine letzte Nacht,
als er im Park auf den Baum stieg.

V Gerüchte gehen, er habe vergessen
sich festzuhalten,
als er den Friedensappell
an die Welt sprach.

❶ **Was für ein Mensch ist der Irre? Wie reagiert die Gesellschaft auf ihn?**

Das Gedicht erzählt von einem Außenseiter der Gesellschaft, der nicht angepasst ist. Er kann nicht richtig grüßen, aber Märchen erzählen und den Kindern aus Zeitungspapier eine Krone falten. Er ist ein liebenswerter Narr, den niemand ernst nimmt. Da er nicht aggressiv ist, niemandem etwas wegnimmt und störend wirkt, wird er von der Gesellschaft toleriert. Wäre er anders, würde die Gesellschaft sich seiner schnellstens entledigen.

❷ **Ist der Irre wirklich irr?**

Der Irre wird von der Gesellschaft so bezeichnet, weil er ihr unverständlich, vielleicht sogar suspekt erscheint. Dabei handelt es sich um einen Menschen, der die gesellschaftlichen Verhältnisse genauer und kritischer sieht als seine Mitmenschen, aber nichts daran ändern kann und zum Außenseiter wird, um in dieser Gesellschaft überhaupt überleben zu können.

❸ **Was will der Verfasser aussagen?**

Der „Irre" ist ein Gegenbild zum Menschen unserer Gesellschaft, der erfolgsorientiert, angepasst, konsumbewusst und normentreu lebt. Der Autor will unseren Blick schärfen und uns zum Nachdenken über unser gesellschaftliches Verhalten bringen. Wir haben uns zu fragen, warum so viele Menschen in unserer Gesellschaft zu Außenseitern werden und sich dann oft selbst aufgeben. Wie gehen wir mit solchen Menschen um? Die Antwort muss in einem gesellschaftlichen Umdenken mit mehr Sensibilität und Solidarität liegen.

Quellennachweis:

S. 61 „Chronik", aus: Christine Busta, Die Scheune der Vögel © Otto Müller Verlag, 3. Auflage, Salzburg 1995
S. 67 Bertolt Brecht, Fragen eines lesenden Arbeiters. Aus: B. B. Gesammelte Werke. Lizenzausg. Ex Libris Zürich © Suhrkamp Verlag, Frankfurt am Main 1967
S. 85 Marie Luise Kaschnitz, Hiroshima. Aus: M. L. K., Neue Gedichte © Claassen Verlag in der Ullstein Buchverlage GmbH, Berlin 1957
S. 91 Günter Eich, Wetterhahn. © Suhrkamp Verlag, Frankfurt am Main
S. 97 Hilde Domin, Unaufhaltsam. Aus: dies., Gesammelte Gedichte © S. Fischer Verlag GmbH, Frankfurt am Main 1987
S. 103 Günter Grass: Sämtliche Gedichte, herausgegeben von Werner Frizen © Steidl Verlag, Göttingen 2007
S. 107 Rainer Malkowski, Die Bücher. © Suhrkamp Verlag, Frankfurt am Main
S. 113 „Kain", Walter Helmut Fritz, Copyright © 1972 by Hoffmann und Campe Verlag, Hamburg
S. 119 Günter Bruno Fuchs, Gemütlich summt das Vaterland. Gedichte, Märchen, Sprüche © 1984 Carl Hanser Verlag, München

Bildnachweis:

S. 59 Christine Busta. S. 63 Karikatur: Horst Haitzinger. S. 70 Porträt Bertolt Brecht: Rudolf Schlichter (1926), Helene Weigel: © Keystone, Kurt Weill: © dpa. S. 83 Marie Luise Kaschnitz © dpa. S. 84 Atompilz © AFP/Getty Images. S. 85 Paul Tibbets vor Enola Gay © Military Picture. S. 87 Günter Eich © dpa. S. 89: Isolatoren: Lars Huber, Wäsche: Tamas Dezso, Taube © Bilderfritze, Antenne © amsatdl. S. 90 Wetterhahn: Peter Schmitz, Brand: Thomas Schmook (Pixelio), Explosion Challenger: NASA, Tschernobyl: NEXGAM, Überschwemmung in Wörgl (Österreich): SPAR, Ölpest: © AP Photo/Yonhap/Lim Hung-jung, Lawine: ECAV (Schweiz 2007). S. 95 u. 96 oben © Punktfilm Anna Ditges. S. 96 Hilde Domin © mew. S. 97 Rasierklinge: © photocase, Streit: © picture-alliance/maxppp. S. 99 Lachende Kinder © Valeska, weinendes Kind: Paul Kopeikiu, Zeichnung Kinder: Seelsorgeeinheit Aglasterhausen-Neunkirchen, Kinder in Sandkasten: Kindergarten Bodenfelde, schwarzes Kind © Getty Images/Chris Hondros. S. 101 Illustration: Paul Hey. S. 102 © Paul Swiridoff. S. 103 Kind und Geier © Kevin Carter. S. 105 Illustration: Charles Wyrsch, Rainer Malkowski © Stefan Moses. S. 107 Lesendes Mädchen © APA/Barbara Gindl. S. 109 © Jürgen Bauer. S. 113 r. o.: Der moderne Kain/Bernd Krüerke, Stralsund 1982. S. 115 Jugendliche © Karuna e. V., Drogensucht: © Andras Piegler, JVA: © dpa-ZB, alter Mann mit Stock: © Keystone, Arbeitslose: © AP/Michael Probst. S. 117 Foto aus: Thomas Propp, Eine Reise zum Dichter Günter Bruno Fuchs, 1981. S. 118, 119 © Oliver Dankwerth.

BRIGG Pädagogik VERLAG
Der neue Pädagogik-Fachverlag für Lehrer/-innen
Unterrichtshilfen für Deutsch auf aktuellstem Stand!

Hubert Albus

Kurzgeschichten
Schicksalhafte Lebenssituationen verstehen

120 S., DIN A4,
Kopiervorlagen mit Lösungen

Best.-Nr. 292

Kurzgeschichten über die Schule der Zukunft, über einen perfekten Mord oder über Kriegswirren von Isaac Asimov, Luise Rinser, Benno Pludra, Günter Eich und Co. Zu jeder der **15 Kurzgeschichten** finden Sie gut aufbereitete Kopiervorlagen mit Lösungsblättern sowie Verlaufsskizzen, mit denen Sie ohne Aufwand Ihren Unterricht planen können. Interessantes Bildmaterial, Kurzbiografien und weiterführende Texte erleichtern Ihnen die Unterrichtsvorbereitung.

Hubert Albus

Balladen
Schicksalhaftes aus drei Jahrhunderten

120 S., DIN A4,
Kopiervorlagen mit Lösungen

Best.-Nr. 293

Gut gewählte Balladen von berühmten Schriftstellern wie Goethe, Brecht, Kunert, Reinhard Mey oder Annette von Droste-Hülshoff u. a. werden auch Ihre Schüler ansprechen. Hervorragendes Bildmaterial, wichtige Hintergrundinformationen sowie texterschließende Arbeitsblätter mit Lösungen erleichtern Ihnen die Unterrichtsvorbereitung. **Jede Einheit mit Verlaufsskizze!**

Hubert Albus

Training Deutsch – Aufsatz
**Kopiervorlagen zu den neuen Prüfungsaufgaben
9./10. Klasse**

88 S., DIN A4,
Kopiervorlagen mit Lösungen

Best.-Nr. 302

14 Textaufgaben zu aktuellen Themen mit passenden Aufgabenblättern nach den neuen Prüfungsanforderungen im schriftlichen Sprachgebrauch! Zu jeder Textaufgabe werden **Text-, Aufgaben- und Lösungsblätter** angeboten, die jeweils eine Einheit bilden. Empfehlungen zur Bepunktung nach inhaltlichem und sprachlichem Aspekt und passende Notenschlüssel erleichtern die Bewertung der Aufsätze. Der Band wird durch zusätzliche **Merk- und Informationsblätter** sinnvoll abgerundet.

Hubert Albus

Training Deutsch – Rechtschreiben
**Kopiervorlagen zu den neuen Prüfungsaufgaben
9. Klasse**

92 S., DIN A4,
Kopiervorlagen mit Lösungen

Best.-Nr. 303

27 interessante Diktattexte mit passenden Arbeitsblättern nach den neuen Prüfungsanforderungen! Zu jedem Diktattext wird ein Arbeitsblatt angeboten. Alle Diktattexte sind in **vier Anforderungsstufen** eingeteilt.
Mit wichtigen Hinweisen zum Diktat der Texte, zur Korrektur, Bewertung und Benotung. Empfehlungen zur Bepunktung auf den Arbeitsblättern sowie passende Notenschlüssel erleichtern die Bewertung.
Mit Übungsmaterial zu den rechtschriftlichen Schwerpunkten.

Bestellcoupon

Ja, bitte senden Sie mir/uns mit Rechnung

_____Expl. Best-Nr. _____

_____Expl. Best-Nr. _____

_____Expl. Best-Nr. _____

_____Expl. Best-Nr. _____

Meine Anschrift lautet:

_____
Name/Vorname

_____
Straße

_____
PLZ/Ort

_____
E-Mail

_____   _____
Datum/Unterschrift   Telefon (für Rückfragen)

Bitte kopieren und einsenden/faxen an:

**Brigg Pädagogik Verlag GmbH
zu Hd. Herrn Franz-Josef Büchler
Zusamstr. 5
86165 Augsburg**

☐ Ja, bitte schicken Sie mir Ihren Gesamtkatalog zu.

Bequem bestellen per Telefon/Fax:
Tel.: 0821/45 54 94-17
Fax: 0821/45 54 94-19
Online: www.brigg-paedagogik.de

BRIGG Pädagogik VERLAG

Der neue Pädagogik-Fachverlag für Lehrer/-innen
Abwechslungsreiche Materialien für Ihre Deutschstunden!

Sabine Schwaab

Lesetraining
Materialien zur Verbesserung der Lesekompetenz

5.–8. Klasse

296 S., DIN A4,
Kopiervorlagen mit Lösungen

Best.-Nr. 324

Arbeitsblätter für eine erfolgreiche Leseerziehung, mit Lesetests und Lesescreenings! Das Werk deckt sämtliche Bereiche des Lesetrainings ab und hilft, lesebedingte Lerndefizite zu beseitigen.

Aus dem Inhalt:
Konzentrationsübungen, Übungen zur Lesegeschwindigkeit, sinnerfassendes Lesen, Lückentexte, alphabetisches Ordnen, Schulung von Fragetechniken, Strukturieren von Informationen, Verschriftlichen optischer Eindrücke u. v. m.

Annette Weber

Selbstmord – Warum?
Arbeitsmaterialien für den Deutschunterricht zu einem brisanten Thema

ab Klasse 7

112 S., DIN A4,
Kopiervorlagen mit Lösungen

Best.-Nr. 345

Anhand einer **lebensnahen, realistischen Geschichte** wird das Thema Selbstmord bei Jugendlichen umfassend erarbeitet und durchleuchtet.
Neben **Arbeitsblättern** zum Text- und Leseverständnis finden sich u.a. informative weiterführende Texte, Gedichte, Lieder, Briefe und Notizen von Jugendlichen, die das Thema vertiefen und die Schüler/-innen ermutigen, darüber intensiv nachzudenken.

Annette Weber

Aus dem Leben gegriffen: Einfache Kurzgeschichten für Jugendliche

Materialien für den Deutschunterricht

ab Klasse 7

Die **acht Kurzgeschichten** sind spannend, unterhaltsam, realitätsnah und wecken dadurch das Interesse von Jugendlichen. Inhaltlich sind sie so aufgebaut, dass sie durch **einfachen Wortschatz und unkomplizierte Satzstrukturen** auch schwächere Schüler/-innen ansprechen und lesetechnisch nicht überfordern. Parallel dazu wurden **Aufgaben** entwickelt, die sowohl **Textverständnis** und **Rechtschreibung** fördern, aber auch Kreativität fordern und zur selbstständigen Auseinandersetzung mit den Themen motivieren.

Harald Watzke / Peter Seuffert / Oswald Watzke

Sagen in der Sekundarstufe
Anregungen für die Praxis in der 5./6. Klasse

122 S., DIN A4,
mit Kopiervorlagen

Best.-Nr. 284

In **31 illustrierten Sagentexten** begegnen die Schüler berühmten Sagengestalten wie z. B. dem Klabautermann, der Loreley oder dem Schwarzen Tod und entdecken magische Sagenorte.
Mit Neuansätzen eines handlungs- und produktionsorientierten Textumgangs, Anregungen zum Vorlesen, zum Selberschreiben und zum Inszenieren von Sagen. Ohne großen Aufwand direkt im Unterricht einsetzbar!

Bestellcoupon

Ja, bitte senden Sie mir/uns mit Rechnung

_____ Expl. Best-Nr. _____

_____ Expl. Best-Nr. _____

_____ Expl. Best-Nr. _____

_____ Expl. Best-Nr. _____

Meine Anschrift lautet:

_____
Name/Vorname

_____
Straße

_____
PLZ / Ort

_____
E-Mail

_____
Datum / Unterschrift   Telefon (für Rückfragen)

Bitte kopieren und einsenden / faxen an:

Brigg Pädagogik Verlag GmbH
zu Hd. Herrn Franz-Josef Büchler
Zusamstr. 5
86165 Augsburg

☐ Ja, bitte schicken Sie mir Ihren Gesamtkatalog zu.

Bequem bestellen per Telefon/Fax:
Tel.: 0821/45 54 94-17
Fax: 0821/45 54 94-19
Online: www.brigg-paedagogik.de

BRIGG Pädagogik VERLAG
Der neue Pädagogik-Fachverlag für Lehrer/-innen
Methodenvielfalt in allen Bereichen des Deutschunterrichts!

Werner Routil / Johann Zenz

Deutsch – einfach und klar
Vernetzte Übungsformen für den offenen Deutschunterricht

5. Klasse	6. Klasse
204 S., DIN A4,	200 S., DIN A4,
Best.-Nr. 274	**Best.-Nr. 275**

Mit diesen **vernetzten Arbeitsblättern** decken Sie den Lernstoff des Deutschunterrichts (Lesen, Schreiben, Grammatik, Rechtschreibung) in der 5. und 6. Klasse ab. Aufgaben zur Differenzierung sowie Wortschatzkapitel bzw. Wiederholungsaufgaben zur Unterstützung lernschwächerer Schüler ermöglichen den erfolgreichen **Unterricht in heterogenen Klassen**.

Neben den verschiedenen Unterrichtsabschnitten bieten die Bände wichtige Hintergrundinformationen (Lehrplaninhalte und Bildungsziele der jeweiligen Klassenstufe, Bestandteile der Deutschnote, Anregungen für **Lernzielkontrollen**, Monatsthemen u. v. m.).

Mit **Schülerbeurteilungsbögen**, **Stoffverteilungsplänen** und **Lösungen**.

Doris Astleitner / Elisabeth Krassnig / Gabriele Wehlend

Lern- und Arbeitstechniken im Deutschunterricht
Schritt für Schritt Lernkompetenz entwickeln

5. Klasse	6. Klasse
124 S., DIN A4,	104 S., DIN A4,
Kopiervorlagen mit Lösungen	Kopiervorlagen mit Lösungen
Best.-Nr. 272	**Best.-Nr. 323**

Lernen mit Methode: Anhand von **Kopiervorlagen zu interessanten Themen** (Musik, Arbeitswelt, Gesundheit, Medizin, Kommunikation, Ökologie und Eigenverantwortung), werden Lern- und Arbeitstechniken eingeführt, trainiert und angewendet. In einem **Lerntagebuch** halten die Lernenden ihre Entwicklung fest.

Mit **Lösungsseiten** und **Feedback-Bögen**.

Weitere Infos, Leseproben und Inhaltsverzeichnisse unter
www.brigg-paedagogik.de

Bestellcoupon

Ja, bitte senden Sie mir / uns mit Rechnung

_____ Expl. Best-Nr. _____

_____ Expl. Best-Nr. _____

_____ Expl. Best-Nr. _____

_____ Expl. Best-Nr. _____

Meine Anschrift lautet:

Name / Vorname

Straße

PLZ / Ort

E-Mail

Datum / Unterschrift   Telefon (für Rückfragen)

Bitte kopieren und einsenden / faxen an:

**Brigg Pädagogik Verlag GmbH
zu Hd. Herrn Franz-Josef Büchler
Zusamstr. 5
86165 Augsburg**

☐ Ja, bitte schicken Sie mir Ihren Gesamtkatalog zu.

Bequem bestellen per Telefon / Fax:
Tel.: 0821 / 45 54 94-17
Fax: 0821 / 45 54 94-19
Online: www.brigg-paedagogik.de